淘宝客服超级口才训练与实用技巧

——网店销售中的144个经典沟通实例

毕传福　编著

人民邮电出版社

北　京

图书在版编目（CIP）数据

淘宝客服超级口才训练与实用技巧：网店销售中的
144个经典沟通实例 / 毕传福编著. -- 北京：人民邮电
出版社，2015.5
　ISBN 978-7-115-38977-0

　Ⅰ.①淘… Ⅱ.①毕… Ⅲ.①电子商务－销售－口才
学 Ⅳ.①F713.36②H019

　中国版本图书馆CIP数据核字(2015)第069015号

内 容 提 要

互联网时代，淘宝网店飞速发展，淘宝客服人员的作用日渐凸显。而淘宝客服人员与买家的沟通表达能力，对于促成网上交易、维护自身网店的利益和形象，以及聚集忠实买家，起到了至关重要的作用。那么，如何培养淘宝客服人员的超级口才，让他们掌握更多实用技巧，提高自身的沟通表达能力呢？

本书从宝贝介绍、在线沟通、消除顾虑、激发欲望、拒绝让价、处理中差评、处理投诉、争取100%好评、电话沟通九个方面展开讲述，告诉淘宝客服人员应该如何与买家沟通，如何以出色的口才和技巧来应对与买家沟通时所遇到的各种情况。全书共提供了144个情景案例，淘宝客服人员可以有针对性地进行学习，有效提升自己的口才能力，并创造出色的业绩。

这是一本淘宝客服人员的超级口才训练宝典，也是淘宝客服人员的综合素质提升秘籍。如果你是一名淘宝开店者或客服人员，相信本书能让你"能言善辩"，轻松应对形形色色的买家，走向成功的彼岸！

- ◆ 编　　著　　毕传福
　　责任编辑　　张国才
　　责任印制　　焦志炜

- ◆ 人民邮电出版社出版发行　　北京市丰台区成寿寺路 11 号
　　邮编　100164　　电子邮件　315@ptpress.com.cn
　　网址　https://www.ptpress.com.cn
　　涿州市般润文化传播有限公司印刷

- ◆ 开本：700×1000　1/16
　　印张：16　　　　　　　　　　　2015 年 5 月第 1 版
　　字数：130 千字　　　　　　　　2025 年 8 月河北第 37 次印刷

　　　　　　　　　　定价：45.00 元

读者服务热线：(010)81055656　印装质量热线：(010)81055316
反盗版热线：(010)81055315

前　言

随着淘宝网的迅速发展，越来越多的人加入到了淘宝开店的创业大军中。因此，与淘宝开店相关的职业也得到了迅速发展，淘宝客服就是其中一种。

当下，淘宝客服的需求量日益增大已经成为不争的事实。数据显示，淘宝网招聘求职论坛在开通不到一个月的时间里，就有近 5 000 家淘宝网店发出了 1 万条招聘网上客服的信息；这一岗位的平均月薪在 3 000 元左右。这表明，淘宝客服已经成为当下广受关注的一种职业形态。

淘宝客服职位的诞生，与淘宝网店的发展壮大息息相关。在金融危机的影响下，很多人因就业压力增大，便纷纷走上了网上开店这样的创业之路，淘宝网上每天新开网店数量最多时曾达到 5 000 家。而随着一些淘宝网店的规模不断增大，许多网店单靠店主一人已经难以应付每天的交易。为了更好地经营网店，店主开始招聘客服人员。于是，淘宝客服作为新的职业开始出现了。

客服人员对于网店来说，具有举足轻重的作用，甚至可以说是决定了一家网店赢利的高低。所以，高素质的客服人员便成为很多网店追求的目标。而对于客服人员来说，最重要的一项素质就是要有超级的口才。因为客服人员需要直接与买家进行沟通，并需要能提供给买家高质量的解答和售后等服务，甚至还要承担促使买家拍单的责任。从这个层面上来讲，客服人员会不会说话、如何说话，将能直接影响甚至决定网店的利润和信誉。

因此，作为淘宝客服人员，只有掌握超级口才表达能力以及实用技巧，才算是一位合格的淘宝客服。通常来说，淘宝客服人员应该掌握的语言技巧包括以下几个方面。

介绍宝贝的语言技巧。淘宝客服人员能否更加准确、绘声绘色地将宝贝介绍给买家，直接决定了买家是否会拍单。

在线沟通的语言技巧。淘宝客服人员与买家进行沟通，最常用的工具是阿里旺旺。淘宝客服人员要熟练运用这款聊天软件，并掌握一定的表达技巧。这决定了他们与买家的沟通是否能够取得良好效果。

消除买家顾虑、激发买家拍单的语言技巧。淘宝客服人员的一项重要任务是消除买家的顾虑，激起买家拍单的欲望。因此，淘宝客服人员掌握这方面的语言技巧就显得尤为重要。

拒绝让价的语言技巧。拒绝让价也是淘宝客服人员应该掌握的一项重要技巧。淘宝客服人员运用这项技巧，从容应对各种讨价还价的买家，才能最大限度地确保网店的利益。

处理中差评和买家投诉、获得 100% 好评的语言技巧。能否巧妙地处理买家的中差评，说服买家撤销投诉，是淘宝客服人员的一项重要工作，也是网店能否获得 100% 好评的重要影响因素。淘宝客服人员在这方面做得是否出色，不仅直接决定了网店信誉的高低，还会影响到网店的发展之路。

电话沟通的语言技巧。如何通过电话沟通打动买家，处理好与买家的各种问题，已经成为衡量淘宝客服人员素质高低的一项重要指标。淘宝客服人员必须提高自己在这方面的能力，才能更好地胜任网店客服的工作。

本书就是从以上方面入手，具体落实到**宝贝介绍、在线沟通、消除顾虑、激发欲望、拒绝让价、处理中差评、处理投诉、争取 100% 好评、电话沟通**九个方面，来阐述淘宝客服人员应该如何与买家沟通，如何以出色的口才与实用技巧来应对与买家沟通时遇到的各种情况。通过阅读本书，淘宝客服人员可以有效提升自己的口才能力，并创造出色的业绩。

在本书的编写过程中，作者得到了焦亮、刁春光、张林波、陈佳、何欣、李青、慈艳丽、顾香云、杨倩、张凤娇、杨濡池、楚丽萍、康珊、赵欢、姜波、魏萌、杨博、张伊宁、王光波、谭慧等多位同行与老师的大力帮助和支持，在此向他们致以诚挚的谢意。

由于时间仓促和编者水平有限，书中不足之处还请广大读者批评指正。

目 录

第一章

宝贝介绍技巧

第一节　直接描述

情景 001　宝贝描述要详细

【情景再现】

买　家：在你家店铺看到这个……（某品牌电压力锅链接），销量挺好的，评价也挺高，达到了 4.8 分，我也想拍一个。

客服小杰：亲！您看到的是我们小店销量最好的电压力锅，好评过万了哦！☺

买　家：哦，可以给我具体介绍一下吗？🍎

客服小杰：当然，亲！这是一款非常适合家庭使用的电压力锅。这款电压力锅是今年上市的新品，有 5L 与 6L 两种类型，容量大，可以满足 2~7 人的需求；它集煮饭、煲汤、煲粥、炖肉、蒸煮等烹饪功能于一体；这款电压力锅还支持 24 小时预约定时，让您可以随时吃到热腾腾的饭菜；除此之外，它还是一锅双胆，一个原装不粘锅，用于煮饭，一个彩琅（煲汤），是目前电压力锅使用最好的内胆材质哦！

买　　家：听起来还不错，年纪大的人能用吗？我是买给我奶奶用的。

客服小杰：亲，完全可以！这款电压力锅有独立按键，操作非常简单，就算家里老人用也不用担心，亲可以放心拍哦！

买　　家：描述很详细，多谢，我准备拍一个。

客服小杰：感谢亲对小店的支持，祝您购物愉快！☺

【情景分析】

　　买家在上网买东西时，都是心存顾虑的。他们想买一件产品，但对产品存在不信任，这种不踏实的感觉会阻碍他们作决定。这时，客服人员要做的就是尽可能详细地向买家描述自己的宝贝，让买家对宝贝有清晰的了解，并促使他们下定决心拍单。客服小杰十分详细地把宝贝的规格、功能、特色、操作方法、销量、售后保证——描述出来，最终成功促使买家下了单。

【技巧展示】

技巧一：分析买家的提问并作出回答

　　客服人员对宝贝进行描述前，要仔细分析买家的提问，琢磨买家的意图。很多新手买家在提问时会充满疑惑，并体现出新手买家的特性。要想促使这类买家下单，客服人员就需要尽可能详细地将宝贝信息描述出来，以便从各个方面打消他们的不信任感，从而促使他们下单。

技巧二：宝贝描述要面面俱到

　　客服人员只有对宝贝进行面面俱到的描述，才能快速打消买家的不信任。而要做到对宝贝进行面面俱到的描述，客服人员就要向供货商索要详细的产品信息，包括性能、材料、产地、售后服务、生产厂家等，并把这些信息详细地告诉前来购物的买家。

情景 002 描述要突出细节

【情景再现】

买　家：你家小店的这款羽绒服看起来不错啊！

客服娜娜：亲，您真有眼光！👍 这是今年的新款。从淘宝的销量来看，这是一款非常受年轻女性喜欢的羽绒服哦。从细节方面，您就可以感受到我们在用心做产品。面料都是高密面料，可以防止钻绒；简约的几何线条拼接包边，层次感分明；袖口处装点精工的几何绣花，华美精致，给人清甜利落的感觉；整款都是线迹绣花，一针一线，颇见真章，形象逼真的图案给人以高贵的感觉。

买　家：确实和你描述的一样，可以看出你们的产品是下了功夫制作的。我是一个特别注重细节的人，决定拍一件。

客服娜娜：娜娜在此表示感谢，感谢您的支持！我们将一如既往地为您提供最好的服务，祝您购物愉快！❤

【情景分析】

　　成交与否的决定因素是宝贝，包括宝贝展示页以及宝贝描述。宝贝的漂亮程度在一定程度上决定了买家是否下单，而客服人员的细节描述技巧则起着更重要的作用。因为细节上的描述能给买家带来更直观的感受，能让他们有身临其境的感觉。细节描述越具体，越能让买家对宝贝有更深入的了解，从而促使其成交。客服娜娜的高明之处，就在于她在描述中突出了衣服的细节。深入的细节描述让买家不知不觉对衣服产生了好感，更对店铺产生了一种由衷的信任感，最终达成了交易。

【技巧展示】

技巧一：描述宝贝的基本事项

宝贝细节描述包括很多方面，其中关键在于描述宝贝的基本事项。客服人员要为买家描述宝贝的具体规格、颜色、质地、包装、使用方法以及注意事项，要对这些基本事项进行细致入微的描述，以让买家对宝贝和店铺产生信任。

技巧二：突出宝贝的精美性

如果说对宝贝的基本事项进行细节描述是为了让买家对宝贝有全面的了解，那么，精美性描述则能够激起买家的购买欲望。客服人员要把宝贝的精美度体现在每一个细节中，包括宝贝的外观，要对每一部分、每一个零部件精雕细刻。

技巧三：做好知识型细节描述

宝贝的寓意以及相关文化等都属于知识型描述，这些描述能让买家的消费上升到精神层面。客服人员要做好知识型细节描述，以激发买家的购买欲望，让买家对宝贝产生信赖，并促成交易。

情景 003 说出宝贝的卖点

【情景再现】

买　家：一直想要一款有效果的眼霜，在其他淘宝店买了很多，效果都不好。不知道你们家这款眼霜怎么样？

客服薇薇：亲，选择一款合适的眼霜很重要哟！这款全新眼霜专为爱美女士定制，全新第6代配方，独蕴ChronoluxCB™科技，深透眼部肌底，可以很好地抵御屏幕辐射、环境污染对眼部的损伤。配合基因生物钟同步修护科技，帮助肌肤在夜间抵达修护巅峰，从根源重启年轻旺盛的睡眠修护力，更整日阻隔环境损伤。

买　　家：听起来不错，不知道真实效果怎么样？🍑

客服薇薇：请放心使用，我亲身使用过，现在还在使用，眼袋、黑眼圈全不见了。

　　　　　准保让您一觉醒来更年轻！坚持使用，您一定会爱上它哟！

买　　家：这么好，我想我可以买一瓶试试。

客服薇薇：感谢您对小店的支持，我们竭诚期待您再次光临，您也会越来越漂亮！😍

【情景分析】

如今，淘宝上竞争非常激烈，有的店铺生意火爆，有的店铺却异常冷清。其中起决定作用的是产品，而决定产品是否畅销的是卖点，卖点是产品能否受到买家喜欢的关键因素。所以，客服人员在与买家沟通时一定要把卖点传递出去。客服薇薇的做法，就是在描述产品时强调"全新第 6 代配方""ChronoluxCB ™ 科技""基因生物钟同步修护科技""睡眠修护力"这些卖点，给买家形成了一定的冲击力，最终促使买家下了单。

【技巧展示】

技巧一：详细讲解产品的卖点

客服人员要详细地把店铺产品的卖点讲述出来，以吸引买家。例如，产品融入了哪些高科技，产品能够达到哪些与众不同的效果等。

技巧二：以诱人的优惠吸引买家

优惠对店铺来说是一种卖点，店铺可以通过套餐优惠、包邮优惠、折扣优惠等描述，提升买家的购买欲。

技巧三：提供优质的售后服务

优质的售后服务也是店铺的一个好卖点。客服人员要告诉买家，店铺会为他们提供完善的售后服务，并为他们配备专业的咨询客服和顾问，随时解答他们的疑问。这种优质的售后服务容易让买家产生一种购买无忧的信任感，从而下定决心购买。

情景 004 渲染宝贝的特性

【情景再现】

买　家：买了很多床垫，但都不是很理想。你家这款床垫有什么特别的地方吗？

客服小林：亲，我家这款床垫是特级蚕丝乳胶制作。天然蚕丝丝润弹滑，特有针织棉呼吸面料，透气性更好，不但滋润肌肤，还能调节睡眠；精选亚热带北纬 1~8 度的天然乳胶，天然小孔无数，抗菌防螨，透气性好；高回弹海绵，回弹力十足，有效分散身体重量，不管用何种姿势睡觉都能给您羽毛般的感觉。这就是我们店这款床垫的特性，相信它能给您和您的家人带来健康与舒适！☺

买　家：听起来还不错，买一款试试。

客服小林：亲，非常感谢您对小店的信任与支持！祝您及家人生活愉快！事事顺心！

【情景分析】

相对于一般的产品来说，具有特性的产品能够受到买家的青睐。所以，客服人员要想促成交易，就要把店铺产品的特性渲染出来，依靠产品的特性来激起买家的购买欲。客服小林就是在介绍产品时，紧紧抓住"蚕丝""自然""高弹""滋养""呼吸"等特性进行渲染。正是在这些产品特性的吸引下，买家找到了与一般床垫的区别，最终下定决心购买。

【技巧展示】

技巧一：描述出产品与众不同的地方

在众多相同的产品中，有特性的产品最能吸引买家的眼球。这里所谓的特性是自家产品与别家产品不同的地方，或者高于别家产品的地方，而这与众不同的地方包括产品的原材料、产地、设计、颜色、规格等。客服人员要把这些信息告知买家，并在尊重事实的基础上进行渲染，以求最大限度地感染买家。

技巧二：对产品的价值进行提炼

渲染宝贝特性还包括对产品的价值进行提炼。客服人员所要提炼的价值，是指自家产品能给买家带来哪些方面的好处，而这些好处又是其他同类产品不能提供的。例如，手机的指纹录入功能给买家提供信息安全，独特的面料给买家带来舒适的穿着感受，高科技的融入让买家更美丽等。

情景 005 先说缺点再说优点

【情景再现】

买　家：您家这款四件套怎么样？

客服小王：这是一款充满可爱童趣的儿童套件，绝对值得您拥有！😀当然没有产品是完美的，唯一的一点缺点我要提前告诉您，这款宝贝有点儿薄，请您慎重考虑！但在质量方面，我敢打包票。材料采用 100% 新疆全棉，柔软舒适；植物纤维亲肤棉柔，可以保护孩子的幼嫩肌肤，孩子裸睡也没有任何问题；最重要的是融入高科技染色技术，丝毫没有掉色现象，确保孩子健康。

买　家：哟，您还挺诚实，👍连缺点都告诉我了！冲着这份诚实，我也得拍一套。

客服小王：诚信是开店的根本，很高兴为您服务！本店将一如既往地为您服务，期待您再次光临！🤝

【情景分析】

网上购物本身就存在不信任感，很多买家在淘宝购物都对产品质量存在顾虑。面对这种情况，很多客服人员都会把产品说得完美无缺。然而越是说产品完美，买家就越会对产品产生怀疑。因此，正确做法应该是说出产品的缺点，让买家感受到自己的真诚。客服小王的沟通方式是高超的，他没有极力说明产品是完美无缺的，而是把产品有点儿薄的缺点告诉买家，然后再说产品的优点。这种真诚的做法感动了买家，并促使买家拍单。

【技巧展示】

技巧一：不掩饰产品的缺点

世界上没有完美的产品，即使制作工艺再高超也存在一定的缺点。所以，越是把产品说得没有丝毫缺陷，就越会让买家产生怀疑。客服人员的明智做法是不掩饰产品的缺点，让买家感受到你的真诚。当然，说出的产品缺点不能影响买家下单。也就是说，说出的缺点不能是致命的，而必须是边缘化、不影响成交的，如产品型号不全、颜色不全、价格稍微偏高等。

技巧二：说出缺点后渲染优点

对于客服人员来说，说出缺点不是最终目的，最终目的是促使买家下单。要达到这个目的，客服人员就要在说出缺点后渲染优点，把买家的注意力从产品的缺点转移到产品的优点上来，如产品性能如何优越、制作技术多么高超、使用起来如何舒适等。在缺点与优点的对比下，买家就会对产品产生全面感性的认识，并容易让自己作出下单决定。

第二节 介绍技巧

情景 006 摸清需求再介绍

【情景再现】

情景一：

买　　家：我想买件羽绒服。

客服芳芳：这款羽绒服特别适合您，五十岁的人能穿出三十岁的效果，穿上它包您年轻。😊

买　　家：额……我想为我妈妈买。😠

客服芳芳：妈妈穿上这款羽绒服也一定很漂亮，这是修身薄款的。

买　　家：额……我想要加厚、保暖的。😣

客服芳芳：我们还有加厚、保暖的。

买　　家：呵呵，拜拜了，您呐！🙂

情景二：

买　　家：我想买瓶洗发水，请推荐一款。

客服小赵：这款洗发水特好用，能帮助您从根本上减少头屑，提升对头皮的修护力；加入护肤成分，提升头部皮肤健康。

买　　家：我想要一款滋养焗油的。

客服小赵：哦，我家有这样的产品，特别是套装，很实惠。

买　　家：我不要套装。

客服小赵：有单品，给您介绍一下怎么样？

买　　家：不用了！

【情景分析】

　　客服人员要想促成交易，关键是要摸清买家的需求。只有这样，才能有针对性地介绍产品。盲目地推介产品，只会让买家反感，让交易失败。客服芳芳与小赵就是犯了这样的错误，在介绍产品时没有搞清买家的真正需求。芳芳没有搞清销售对象与买家所需要的款式，而小赵则是没有弄清买家需要什么效果的洗发水。这种没有针对性的产品介绍，只会让买家心生厌烦，甚至让他们掉头就走。

【技巧展示】

技巧一：摸清买家的基本情况

　　这是介绍产品的第一步。客服人员要摸清买家的基本情况，搞清楚买家是谁。只有对买家有所了解，才能有针对性地推介产品。所以，客服人员要清楚买家是为自己购物，还是为他人购物，更要清楚产品使用人的年龄、性格、喜好，只有依靠这些特点进行有针对性的产品描述，才能提升成交的几率。

技巧二：摸清买家购物的目的

　　不同的人对购物有不同的目的。也就是说，不同的人要达到的效果是不一样的。例如买洗衣液，有人选择去污力强的，有人选择具有熏香效果的；再如同样是买家具，有人喜欢买白色的，有人则喜欢黑色的。因此，客服人员要摸清买家的需求，根据买家的具体需求来推介自己的产品。

情 景
007 语言有礼貌、有活力

【情景再现】

情景一：

买　家：这款鞋子怎么样？这是鞋子页面链接……

客服琳琳：产品描述页有具体介绍，你可以自己去看看。

买　家：可不可以说一下有哪些特色？

客服琳琳：这款鞋子有三大特色，你自己可以在宣传页查看。

买　家：可不可以优惠？

客服琳琳：一分钱一分货，不讲价！

买　家：那算了！😠

情景二：

买　家：这款红色内衣怎么样？这是链接……

客服丹丹：亲，这款内衣的质量非常好哦！☺

买　家：是纯棉的吗？

客服丹丹：绝对是纯棉的。

买　家：价格有点儿贵，可以便宜点儿吗？

客服丹丹：您好，这款内衣不讲价，请谅解！

买　家：哦，那算了。

客服丹丹：谢谢您来小店淘宝，欢迎下次再来。

【情景分析】

客服人员在介绍产品时，也要讲究语言技巧，要有礼貌、有活力。因为没有人喜欢与没有礼貌的人沟通，也没有人喜欢与说话生硬呆板的人交流。客服琳琳与丹丹就是犯了这方面的错误。琳琳在与买家沟通时没有礼貌，称呼上用了"你"，而不是"您"，并且语气生硬；丹丹虽然做到了礼貌，但是沟通的过程呆板，没有活力。两者之所以都没有促成交易，就是因为在沟通的过程中没有把握有礼貌、有活力的原则。

【技巧展示】

技巧一：多用礼貌性的语言

礼貌待客，才能用热情感染买家。所以，客服人员在介绍产品的过程中一定要有礼貌，用"您"代替"你"。例如，"您好！请问有什么可以为您效劳吗？""您好！欢迎光临。"在不能满足买家的需求时，客服人员要积极道歉，如："不好意思哦，您要的这款已经断货了，我们还有很多新款可供您选择，我可以为您推荐一款吗？"交易完成时，客服人员要积极表示感谢，如："真的很高兴认识您，您的满意是对我们最大的支持和鼓励！欢迎您再次光临，有更好、更漂亮的宝贝，我会第一时间推荐给您！"

技巧二：多用有活力的语言

客服人员在介绍产品时，应尽量使用活泼、生动的语言。例如，"您"和"亲"比较，前者正规客气，后者比较亲切；"不行"和"真的不好意思哦"，"嗯"和"好的，没问题"，前者生硬，后者比较有活力。客服人员在介绍产品时，要多运用这些有活力的语言，并且要常常运用旺旺表情，让介绍产品的整个过程充满活力。

情景 008 同时介绍两种产品

【情景再现】

买　家：我想要一款剃须刀，能不能给推荐一下？

客服小薇：当然，亲！☺我可以向您推荐两款销量比较好的剃须刀：一款是三刀头充电式 hq7310，这款干湿两用，可全身水洗，舒适剃须系统可以达到极致顺滑的剃须效果；另一款是两刀头的 hq6090，这款也支持水洗，清洁方便。它们最大的特点是 1 小时快速充电后可连续工作 40 分钟以上，并可以边充电边使用；3D 面部轮廓跟踪可以给您带来舒适的剃须感觉，同时也可以保证快速的胡须捕捉和剃净度效果；这款还带有鬓角修剪器和充电底座，是性价比很高的款式。两款都比较好用，亲，您要选择三刀头的，还是两刀头的呢？

买 家：两刀头的不错，我拍两刀头的。

客服小薇：好的，感谢您的拍单，我们会在第一时间给您发货！

【情景分析】

网上购物时，很多买家会存在难以下单的现象，他们不知道到底该购买哪一款。此时，客服人员要善于帮助买家作选择。实践证明，如果客服人员能够同时为买家推荐两款产品，那么买家会在两款中选择一款，成交的几率就大幅度提升。客服小薇的做法正体现了这一点，她通过向买家推荐两款产品，并告知买家两款产品各自的特色，让买家自己作出选择。也正是在小薇的推荐下，买家才最终作出了购买决定。

【技巧展示】

技巧一：介绍两款同类型的产品

为了促成交易，客服人员在向买家介绍产品时，可以同时介绍两种产品。这里需要把握一个原则，所介绍产品必须是同类型的。即介绍剃须刀就只是介绍剃须刀，不能一个是剃须刀，而另一个是吹风机；介绍洗衣液就只是介绍洗衣液，不能一个是洗衣液，而另一个是洗发水。这样才能促使买家尽快作出选择。

技巧二：两款产品需要有价格区别

客服人员在向买家同时介绍两款产品时，要在价格上体现出区别。最好是一款高档的，一款相对低档一点的，这样就能让买家根据自己的情况作出合适的选择。

技巧三：两款产品要有各自的卖点

同时，所介绍的两款产品要有各自的卖点，因为不同的卖点会促使买家根据自己的情况考虑拍单。卖点可以是各自的产品特色，可以是性价比，也可以是相对的优惠。

情景 009 说出优惠政策

【情景再现】

客服小慧：亲，怎么样，您要不要拍下这款冰箱？

买　　家：我再考虑考虑。

客服小慧：不要再考虑了，店铺现在为了回馈新老客户，特在近期一周内推出优惠措施。下单的前500名客户能够享受以下优惠：1~50名返现200元；51~150名增加价值120元的饮水机一台；151~300名返现100元；301~500名赠价值99元的加湿器！越早越便宜！

买　　家：优惠力度挺大啊！这个可以拍单。

客服小慧：亲，尽早拍单哦！拍单越早，优惠越大！再次感谢您对小店的支持！😎

【情景分析】

客户要的不是便宜，而是要感到占了便宜；客户不是要便宜的产品，而是要让他占了便宜的产品。占便宜是一种心理上的感觉，客服人员要学会满足客户的这种心理需求，让客户拥有占便宜的感觉，客户就容易购买你的产品。所以，客服人员要在买家犹豫是否购买时，告诉他们店铺的优惠政策，以此来激发他们拍单的欲望。客服小慧就是在买家犹豫是否拍单时，把店铺的优惠政策和盘托出，最终打动了买家，促使其下单。

【技巧展示】

技巧一：以返现来表现店铺的优惠

返现是指商家把一部分佣金返还给消费者。在所有的优惠政策中，返现无疑最具有冲击力。因为它带给消费者的是真实的货币感受，能让消费者真实感受到优惠的力度。如果网店有返现优惠，客服人员一定要第一时间让买家知道这种优惠。

技巧二：告知买家可以获得折扣

除了返现之外，打折也是一种比较有效的优惠方式。很多商家都会采取折扣的方式来做促销，淘宝网店也会经常采用这种方式。客服人员在介绍产品时，要告知买家产品原来的价格以及现在的价格，并告诉他们打折力度之大，以激起他们的购买欲望，促使他们下单。

技巧三：说出赠品信息

赠品也是很多商家促销的一种方式。每位买家在购买产品时，都会希望获得一点额外的东西，也就是赠品。所以，客服人员要懂得及时承诺给买家一些赠品，赠品的大小则以店铺的规定为准。

情景 010 找到买家的兴趣点

【情景再现】

一位买家要在一家网店买保健器材，客服小陈为其服务，推荐带红外线的腰带。然而，由于小陈专业知识比较欠缺，对红外线了解得不透彻，而买家又是一名大学物理老师，所以产品介绍的效果并不理想。等小陈介绍完后，买家告诉小陈，他的介绍全部是错误的，并且告诉小陈不懂就不要乱讲。面对买家的批评，小陈没有慌乱，他很镇定地继续与买家沟通。

小　　陈：您懂这方面的知识吗？

买　　家：我是物理老师。

小　　陈：太好了，我刚来，不是很懂这个，这几天也在学习。不知道您愿不愿意给我讲讲这方面的知识？

买　　家：很乐意啊……

小　　陈：老师，您讲得太好了！谢谢您不吝赐教，您今天拍任何宝贝都能获赠一件礼品。

买　　家：给我一个红外线腰带吧。

【情景分析】

客服人员在介绍产品时，要善于寻找买家的兴趣点。只有激起买家的兴趣，客服人员才能在沟通、交流的过程中实现互动。否则，买家的热情马上就会冷却。可想而知，接下来买家就会弃你而去了。客服小陈在与买家沟通时，就很善于寻找买家的兴趣点。本来由于专业知识不强，很可能会让交易泡汤，但是小陈急中生智，以求教的心态激起了买家的兴趣，最终让买家快快乐乐地下单。

【技巧展示】

技巧一：通过聊天寻找买家的兴趣点

客服人员在介绍产品之前，要先尝试着与买家聊天，以一种比较随和的方式接近买家。等发现了买家的兴趣点后，客服人员再根据买家的兴趣点来介绍产品，这样就能让气氛比较融洽，最终促使买家下单。

技巧二：向买家传达能够引发他们好奇心的信息

能够激起买家的好奇心，就能吸引买家的兴趣。这就需要客服人员向买家传递一些能够激起他们好奇心的信息，如最近有关的重大新闻、足球联赛信息等。在激起买家好奇心的基础上，客服人员再将话题转移到产品，这样就更加容易达成交易。

技巧三：向客户声明好处

俗话说：无利不起早。这句俗语告诉我们，人都渴望得到好处。对于网店来说，好处就是买家的兴趣。所以，客服人员在向买家描述产品时，要通过描述产品能够给买家带来的好处，以吸引买家注意，让买家产生兴趣。

第三节　介绍禁忌

情景 011　单刀直入推销宝贝

【情景再现】

客服小赵正在接待一位线上顾客。在沟通的过程中，这位顾客并没有直接表明自己要干什么，只是说来店里转转。客服小赵认为这是个时机，要抓住一分一秒进行推销。

客服小赵：亲，您好，我们小店的产品绝对值得您拥有！本店的××睡眠面膜是秋冬季节补水宝贝，适合每位女士在夜间修复肌肤补水，它还荣获 16 项世界美容大奖；本店还销售××新水酷特润精华露，这款产品融入第七代慧理水保湿基因科技，肌肤水分修复力

3 重提升，可以让您的皮肤 24 小时水润不停。本店还有其他适合您的产品，您看看有什么需要的吗？我可以再为您介绍。😊

买　　家：我只是来店里转转，并没有打算拍单。

客服小赵：本店产品是非常棒的，来一款吧！

买　　家：我说过了，我不要！再见！😠

【情景分析】

在产品销售过程中，没有买家喜欢直接推销产品的客服人员。本来买家对推销就存在抵触心理，客服人员如果一开口就急于推销产品，所带来的只能是买家抵触心理的加强，客服小赵就是犯了这样的错误。本来买家就没有打算买东西，此时要想让买家产生购买的欲望，就要激起买家的兴趣。可小赵并没有这样做，他选择单刀直入地介绍产品，并催促买家尽快下单。这种急于求成的心理，吓跑了买家。如果小赵不是直接介绍产品，而是先与买家聊天，激起她的购买欲望，其结果将是另一番景象。

【技巧展示】

技巧一：说出满足买家哪些需求

客服人员常犯的错误是特征推销，他们向买家介绍产品的材料、质量、特性等，而恰恰没有告诉买家这些特征能满足他们哪些需求。因此，客服人员一定要记住：我们卖的不是产品，而是产品能满足买家什么样的需求。如果能把这种满足买家的具体需求阐述出来，定然能激起买家的购买兴趣。

技巧二：通过故事来介绍产品

通过讲故事的方式来介绍产品，也是促进买家下单的有效方法之一。客服人员可以讲述产品研发细节的故事，可以讲述产品生产过程中的故事，也可以是产品带给买家满意的故事，通过精彩的故事给买家留下深刻的印象。

情景 012 故意夸大其词

【情景再现】

情景一：

买　家： 脸上长满了青春痘，据说你家这款祛痘洗面奶不错。

客服小刚： 亲，您太有眼光了！👍这款洗面奶确实祛痘效果特棒，它采取纯天然植物的抗氧化活性物质以及多种纯天然祛痘抑制成分，性质温和，无刺激。通过迅速舒畅收细毛孔、瓦解病毒细菌，从而达到快速祛除青春痘、粉刺、痤疮的效果。这种产品祛痘效果是空前的，包您在一个月内消除脸上所有的痘痘，并让您的皮肤光洁无瑕。

买　家： 我怎么那么不信呢！

客服小刚： 您要相信我们，可以先拍一款试试。

买　家： 我还是再考虑考虑吧。

情景二：

买　家： 我有慢性胃炎，这药怎么样？

客服小刘： 这款产品是由白芍、白及、三七、甘草、茯苓等名贵中草药制成，具有柔肝和胃、散瘀、缓急止痛的效果，并且没有丝毫的副作用。用了该产品，包您一个月脱离慢性胃炎的困扰。很多患者使用此药，没有一例不治愈的！

买　家： 别吹了，恐怕还没有这么有效的药吧！拜拜了，您呐！

【情景分析】

　　在淘宝上买东西有很大风险，因为买家看不到实物，不知道它是真是假。而且，买家在拿到货物后可能会很失望，"差得太离谱，与卖家描述的严重不符，非常不满！""质量一般，没有卖家描述的那么好！"这些失望的评论之所以会出现，就是因为卖家在进行产品描述时 **90%** 都是夸大的。客服小刚与小刘就是犯了故意夸大其词的错误，这种夸大其词的产品描述不但不会促进与买家的交易，反而会让买家产生极度的不信任感。

【技巧展示】

技巧一：依照相关说明书来介绍

客服人员在对产品进行描述时，要尊重客观事实。特别是正牌药品、化妆品之类，客服人员不能在描述产品时故意夸大其词，而是要按照相关说明书进行介绍，如此才会让买家产生信任感。

技巧二：不要夸大使用效果

很多客服人员在介绍产品时，喜欢故意夸大产品的使用效果，目的是吸引买家、促成交易。这种夸大的描述甚至是与事实不符的，取得的效果也与其目的相背离，非但不能促成交易，反而会失去买家。然而，这并不是说不可以美化使用效果，客服人员可以在尊重事实的基础上适当美化。

情景 013 不尊重买家的建议

【情景再现】

客服敏敏：亲！本店的服装全部是外贸服装，都是世界奢侈品牌，穿上之后尽显贵族气质。😊

买家：听起来不错，但我认为做外贸服装是不是世界品牌都不重要，关键是衣服质地、辅件、刺绣、面料等要做到上乘。而且，顾客购买衣服，首先考虑的是衣服的样式。所以，要在款式剪裁上下功夫。

客服敏敏：您说的我不赞同。很多人在买衣服时都是看品牌的，除非一些买不

　　　　起品牌衣服的人。😄

买　　家：看来我是属于买不起衣服的那类，呵呵……我去能买得起的店看看！😊

【情景分析】

　　淘宝是一个市场，市场里的人不管是买家还是卖家，都应当得到尊重，特别是买家更应该得到尊重。客服人员要时刻铭记，"买家就是情人""她是我们的最爱"。尊重自己的买家，就要尊重他们的建议。很多买家在与客服人员沟通的过程中，都会给卖家提建议。如果客服人员表现出尊重并接受，那么一定会给买家一种被尊重的感觉，从而促成交易。客服敏敏之所以没有促成交易，就是因为她没有尊重买家的建议。如果她能在买家提建议时表现出对买家的充分尊重，那么交易就很有可能达成。

【技巧展示】

技巧一：即使不赞同也要表现出尊重

　　客服人员从接触到买家的那一刻起，就应竭尽所能表现出对买家发自内心的尊重，特别是当买家提出建议时。有时候买家的建议是合理的，当然，也有时候买家提供的建议不合理。面对不合理的建议，客服人员即使不赞同也要表现出尊重，可以告诉买家："您的建议非常好，我们一定会积极采纳，及时改进。"

技巧二：鼓励买家提出建议

　　获得被尊重感是买家都有的心理。如果客服人员在介绍产品时能够积极主动地向买家征询建议，就能让买家产生一种被尊重、被信任的感觉。买家就会乐意提建议，并积极参与到沟通中来。当买家对产品表现出浓厚的兴趣时，客服人员就可以抓住时机与买家谈交易，买家就会因为有兴趣而拍单。

情景 014 回答买家提问时不够耐心

【情景再现】

买　家：我是第一次光顾您的小店，想买一款冲锋衣，能不能介绍一下这款？

客服小李：可以啊，亲！这是今年新上市的情侣款三合一冲锋衣，具有防风、防水、透湿、抗静电的优点。现在拍单还有优惠哟！原价1 118元，现在享受五折优惠，亲可以尽快下单。😊

买　家：这款冲锋衣有什么特别吗？

客服小李：亲，接缝全压胶、无缝对接、PU涂层，看起来美观，穿起来舒适。

买　家：什么是PU涂层？

客服小李：亲，您可以自己百度。😄

买　家：这款冲锋衣的质量到底怎么样啊？

客服小李：很好！

买　家：万一收到货，却质量很差呢？

客服小李：无语，您要拍单吗？我们比较忙，还有其他买家咨询呢！

买　家：哦，那您忙！

【情景分析】

　　很多买家，特别是第一次光顾店铺的买家，都会对产品存在不信任感。为了消除这种不信任感，他们会咨询很多问题。甚至有些问题看起来很刁钻，没有办法回答。面对这些买家，客服人员不能烦躁，要耐心回答他们提出的问题，这样才能促成交易。否则，只能导致买家流失，甚至会因为一时怕麻烦而丢了一个大买家。客服小李就是犯了这样的错误，他面对买家连续不断的咨询，表现出了不耐烦和敷衍的态度。买家也感受到了客服人员的不耐烦，所以就走开了，一单生意就这样泡汤了。

【技巧展示】

技巧一：耐心回答买家无休止的提问

很多买家在购买产品之前，总是喜欢不断地咨询问题，以确保心里有数。面对这样的买家，客服人员要积极回答问题，并用有礼貌的语言让买家感受到自己的热诚。

技巧二：耐心回答买家刁钻的提问

有些买家在购买产品之前，喜欢问一些刁钻的问题。例如，"产品质量不好怎么办？""万一质量差呢？""能不能看一下进货单？"这些问题的确很难回答，但客服人员要表现出足够的耐心，积极巧妙地回答，而不是置之不理，不做这单生意。

技巧三：回答问题要"点到为止"

客服人员如果不专业，在回答问题时很可能露出马脚，这就需要在耐心回答问题时做到"点到为止"。因为说多了反而会让买家感觉你不够专业，让下单落空。

情景 015 过多使用专业术语

【情景再现】

客服媛媛：这是全新第 6 代 ANR，全新 ChronoluxCB 科技，能够激发皮肤自身的修护能力，配合基因生物钟同步修护科技，能够融深透、净化、修护、滋养于一体。一瓶在手，就能还您健康的肌肤！

买　　家：什么是 ANR？

客服媛媛：ANR 指的是"特润修护肌透精华露"，英文名称是"Advanced Night Repair Synchronized Recovery ComplexII"。

买　　家：什么是 ChronoluxCB 科技？

客服媛媛：这是将强大的细胞代谢净化科技和基因生物钟同步修护科技合二为一的修护技术。

买　　家：什么是基因生物钟？

客服媛媛：这个？亲可以百度一下。😊

买　　家：哦，那我查好了再来光顾您的小店。😊

【情景分析】

　　客服人员向买家介绍产品，是买家了解产品的一个不可缺少的环节。因此，客服人员首先要对公司产品有深入的了解，能站在比较高的角度解答买家对产品的疑问。但在介绍产品时，客服人员要多用便于买家理解的话语，也就是少用专业术语。因为专业术语会让买家难以理解，特别是对产品不甚了解的买家，如此就很难激起买家拍单的兴趣。客服媛媛就是犯了这样的错误，她在介绍产品时运用了过多的专业术语，并且自己对这些专业术语又不是很了解，最终导致买家因为得不到更好的回答而选择弃单。

【技巧展示】

技巧一：使用便于理解的语言

　　买家购买产品是建立在对产品信任的基础上，这种信任源于对产品的深入了解。而想让买家对产品有深入的了解，客服人员就要在介绍产品时使用便于他们理解的语言，尽量少使用专业术语，做到通俗易懂。

技巧二：使用一定的专业术语

　　不能过多地使用专业术语，并不代表完全不能使用专业术语。客服人员可以使用一定的专业术语，以让买家对产品产生信任感。同时，客服人员在介绍产品时，要把握好专业术语的使用数量，以不超过两个为佳。而且，客服人员要对所用专业术语有深入的了解，以便在接受买家咨询时能够向买家作出深入、全面的解读。

第二章

灵活在线沟通

第一节　在线沟通技巧

情景
016 少用"我"

【情景再现】

买　家：这款粉色的毛呢大衣不错！

客服玲玲：亲，好眼光！👍我家的这款毛呢大衣版型好，上身效果极佳，我现在就穿了这一款，确实很棒！我家这款宝贝属于高端定制，穿上就会显得高端大气上档次！

买　家：这款衣服有优惠吗？

客服玲玲：我家这款宝贝有很大的优惠，现在购买可享受七折。万人好评是我家宝贝实力的见证，亲要尽快下单哦，我们会在第一时间发货。

买　家：呵呵……您家宝贝这么好啊，是不是太自恋了？这单今天是很难下了，拜拜！😄

【情景分析】

　　客服人员在与买家沟通的过程中，要尽力让买家感受到被尊重，让买家有一种存在感，感觉到我们在全心全意地为他考虑问题。而要达到这样的效果，客服人员就要选择好人称，少用"我"。因为"我"字用多了，会给人带来一种十分自我的感觉，这种感觉会让买家产生厌烦心理。客服玲玲在与买家进行沟通时，通篇都用"我"字，字里行间呈现出高傲的姿态。用这种口吻和买家沟通，招来买家的厌烦就是自然而然的事。

【技巧展示】

技巧一：多用"您"字

买家在购物的过程中，都希望能够得到尊重，这种尊重会促使交易的实现。在与人交谈的艺术中有这么一条："'您'字多用生笑意，'我'字多用尖欢乐。"这句话所传达的就是在沟通的过程中要善于使用"您"字，还要常使用"您"字。客服人员这样做，就会让买家拥有被尊重的感觉，买家很可能因为受到尊重而拍单。

技巧二：多用"咱们"

客服人员在与买家沟通时，要创造一种亲切感，而这种亲切感首先来源于称呼。因此，客服人员在与买家沟通时要常用"咱们"。例如，介绍产品时说"咱们的这款产品"，说自家店铺时表述为"咱们的店铺"，出现纠纷时说"咱们一起来解决"，等等。这种表述方式会让买家感受到自己与卖家是一家的，是自己人，如此就能促成交易，或者能较容易地解决问题。

情景 017 使用灵活性语言

【情景再现】

情景一：

客服娜娜：亲，决定好要拍那款内衣了吗？😊

买　家：我还要再看看。

客服娜娜：哦，没关系，淘宝上购物就是要多看看的！不过我特别想给您介绍本店最新款的产品，这几款现在卖得非常棒，您可以先了解一下。

买　家：好的！

情景二：

客服小强：亲，决定好要拍那款内衣了吗？

买　家：我还得再考虑考虑。

客服小强：那好，您先考虑，有什么需要帮助或不懂的随时联系我哦。☺

买　家：没什么需要了！

【情景分析】

客服人员在与买家沟通的过程中，要尽可能保持语言上的灵活性。只有让语言足够灵活，才能促使买家下单。上面两种不同的情景，就说明了这个问题。客服娜娜在与买家沟通的过程中，就做到了灵活应对。面对买家的冷淡回答，她先是肯定了买家的意见，然后用"不过"进行转折，积极为买家介绍新产品，使销售过程得以顺利前进。而客服小强在沟通中的态度，则是不明智的。面对买家的冷淡回答，他运用的语言不具有灵活性，只是简单生硬地作出应答，这就很难激起买家想要了解的兴趣。

【技巧展示】

技巧一：多用"不过""然而""但是"等转折性词语

客服人员在与买家沟通时，常常会遇到买家表述自己的想法。不管这种想法是否合理，客服人员首先要积极肯定，肯定之后再转折以表述出自己的观点。常用的转折性词语有"不过""然而""但是"等，例如：您的想法太好了，不过（然而，但是）……这样做的好处是能让买家感受到他的想法受到了客服人员的重视，而客服人员提出的建议也能更好地被买家接受。

技巧二：要做到"意在言外"

"意在言外"可以说是一种较高的语言境界，也是一种"藏锋"的语言技巧。很多客服人员在与买家沟通时都会碰到一些难以回答的问题，这些问题如果处理不好，就会给买家带来不好的感受，从而影响交易下单。此时，客服人员就要善于运用"意在言外"的语言技巧，表面上答非所问，实际上是以退为进。例如，买家武断地说产品质量不好，客服人员就可以说："也许您说得对，然而这里有过万的好评。"当买家说产品不够档次时，客服人员可以说："确实很难与国际大牌相媲美，不过很多明星都乐意拍它。"

情景 018 与买家保持相同的说话方式

【情景再现】

买　家：我要为我家宝宝买一款保暖内衣，麻烦亲给个建议。

客服小王：想必您是一位漂亮的妈妈，😊很高兴为您服务！我们店有多款保暖内衣适合您的宝宝，我可以为您介绍一下。

买　家：好的，麻烦了！

客服小王：您客气了！宝宝的肌肤柔嫩，应该为宝宝选择舒适亲肤的。😊

买　家：您说得太对了！👍

客服小王：宝宝御寒能力差，咱们要为宝宝选择保暖效果好的，是吧，亲？

买　家：是啊，冬天就怕孩子冻着了。保暖重要，透气更重要，就怕不透气。

客服小王：您说得太对了，透气才舒服。别担心，亲！咱们店里的这款保暖内衣是纯棉的，含棉量高，并且是加厚的，能够在保证亲肤的同时保证足够的温度。除此之外，还有良好的透气性能，能保证宝宝穿起来舒适。亲，咱们要不要考虑一下？

买　　家：好的，拍一单。

客服小王：非常感谢您对小店的支持！我们将继续努力，为您提供高质量的产品、优良的服务，欢迎您再次光临！☺

【情景分析】

客服人员在与买家沟通的过程中，关键是要让买家兴趣盎然。而要达到这样的效果，客服人员就要选择与买家相同的说话方式。保持相同的说话方式会让买家感到非常舒服，愿意多说话，客服人员自己也会感觉到心情舒畅。客服小王在与买家沟通时，选择的就是与买家相同的说话方式。他先是搞清楚了沟通的对象是一位年轻妈妈，就选择用妈妈的口吻来沟通，这就与买家形成了共鸣，最终促使买家拍单。

【技巧展示】

技巧一：根据不同年龄段的买家选择说话方式

对于不同年龄段的买家，客服人员应该尽量使用和他们相同的说话方式来交流。如果是年轻人买东西，就要用同龄人的说话方式来沟通，以体现出青春活力；如果是老年人买东西，就要以老年人的说话方式来沟通，要有耐心，以体现出专业性。任何一个年龄段的人都有自己的说话方式，客服人员要做的就是与其保持相同的说话方式。

技巧二：不要频繁使用网络语言

并不是所有人都喜欢太年轻态的网络语言。如果客服人员在与买家沟通时常常使用网络语言，很可能会导致对方对所使用语言的不理解，以致让其产生交流有障碍的感觉，这是不利于达成交易的。

情景 019 不承诺做不到的服务

【情景再现】

情景一：

客服小钱：亲，您确定要拍这款棉衣吗？

买　　家：是的。但如果棉衣存在质量问题，怎么办？

客服小钱：亲，您尽管放心，这款棉衣绝对没有质量问题。如果有问题，我们支持七天无理由退换货，并承担运费。

　　通过沟通，买家顺利拍了单。但是，买家收到货时发现棉衣确实存在质量问题，于是申请换货，并要求卖家负责来回运费。然而卖家不同意，并告诉买家退换货需要自己支付运费。这让买家非常生气，最终选择了投诉维权。

情景二：

客服小赵：亲，感谢您的拍单！我们将在第一时间为您发货，并确保三天内到您手中。

买　　家：真有那么快吗？

客服小赵：亲，请放心哟，绝对可以的！

　　交易完成后，卖家过了一天还不发货。买家咨询卖家，而卖家以货源紧张为由进行推脱。物流速度也不是客服人员所说的那么快，买家足足等了一个星期才收到货。因此，买家非常生气，于是在评价时给了差评。

【情景分析】

　　任何人都痛恨被欺骗。特别是买家，他们可以接受产品质量不好，但是绝对不接受上当受骗。然而，有些客服人员在与买家沟通时，为了促成交易，往往会采取哄骗的做法。即使产品有质量问题，他们也会把产品说得完美无缺。服务方面也存在这样的现象，有些客服人员会向买家承诺做不到的服务。这种绝对的承诺虽然能暂时促成交易,但是却会让卖家因为做不到而受到投诉,引来差评。客服小钱与小赵就是犯了这方面的错误,他们在服务方面大包大揽,却因为做不到而受到投诉、得到差评。这就说明,客服人员坚决不能承诺做不到的服务。

【技巧展示】

技巧一:发货时间不确定不承诺

很多买家在网购时,都会非常关心发货时间。卖家如果货源充足,能够在第一时间为买家发货,客服人员就可以作出承诺;如果货源不充足,不能第一时间发货,客服人员就不要作出承诺。

技巧二:到货时间不确定不承诺

很多买家在网购时,还会询问到货时间。对于到货时间,客服人员是不能随便承诺的,因为货物在运送的过程中存在很多不确定因素。

技巧三:不支持退换货不承诺

很多卖家是不支持退换货的,如果自己的店铺不支持退换货,客服人员就不要向买家承诺。

技巧四:退换货不包运费不承诺

很多客服人员为了促使买家拍单,承诺可以退换货,并且声明包运费。然而,如果卖家做不到这些,客服人员就不要向买家承诺。

情景 020 不给过于绝对的答案

【情景再现】

情景一:

买　家:手机收到了,但好像没有你描述的那么好!

客服艾米:亲,怎么了?请具体说明。

买   家：买手机前,我问你们后盖是不是钢琴烤漆的,你们说绝对是钢琴烤漆的,可拿到手并不是那么回事儿,完全是一个塑料壳子,而且是很差的塑料壳子。

客服艾米：亲,这款手机大部分是钢琴烤漆的,您说的那种现象是合理的。☺

买   家：你就编吧,我要退货!😄

情景二：

买   家：你们所承诺的三包在哪儿?😐

客服苏珊：怎么了,亲?

买   家：拍单之前,我一再询问是否三包,你们说绝对三包。但我拿去维修,人家理都不理!

客服苏珊：抱歉,🙄这款产品是不支持包修的。

买   家：我要投诉!😐

【情景分析】

在与买家沟通时,客服人员要做到不给过于绝对的答案。买家在拍单之前,都会提出很多问题。例如,产品是否存在缺陷,货物能否在规定的时间送达,是否支持退换货,等等。在回答这些问题时,客服人员要含糊回答,不能给过于绝对的答案。这种绝对的承诺一旦不能兑现,就会给卖家带来麻烦。客服艾米与苏珊就是犯了这样的错误,他们在回答买家的问题时给予了过于绝对的答案却没有做到,最终导致买家的不满。所以,客服人员在回答买家的问题时,不能给买家过于绝对的答案,要给自己留有余地。

【技巧展示】

技巧一：回答问题要留有余地

客服人员在回答买家咨询时要把握一个原则,那就是不要把话说得太满,要给自己留有余地。例如，当买家问产品是否有缺陷时，客服人员可以回答任何产品都是有缺陷的，不过这款产品缺陷很小，而且质量高于其他同类产品；当买家问产品能否在规定时间送达时，客服人员可以回答尽可能保证物流速度，但是也有延迟一两天的可能。

技巧二：做到含糊回答

含糊回答也是一种比较明智的沟通方式。很多买家希望卖家给出绝对的保证，面对买家的这些问题，客服人员要懂得含糊其辞。例如，关于质量问题，客服人员可以说产品性能非常好，外观很漂亮、很实用，而对质量本身不要轻易作百分百的保证；关于发货时间，客服人员可以说在资源充足的情况下第一时间发货，可以保证发货时间。含糊回答虽然可以起到良好的效果，但是不能建立在欺骗的基础上，客服人员要时刻坚守诚信这一条底线。

第二节　答案不确定的应答方式

情景 021　婉转表达

【情景再现】

情景一：

买　家：据说这个玩具是根据 4~6 岁儿童心理研制的，能给我具体说明一下吗？

客服蒙蒙由于是刚入职，对这款产品并不是很了解，而且由于学历低，也对儿童心理不了解。然而，直接拒绝回答买家的问题，肯定会引起买家的不快。考虑到这一点，客服蒙蒙决定婉转表达。

客服蒙蒙：您好，我们在产品描述页面有具体的阐述，亲可以自己查阅。咱的

水平有限，怕给您介绍时出现差错，影响您的判断。😊

买　　家：好好好。

客服蒙蒙：感谢您的支持，祝您购物愉快！

情景二：

买　　家：看大家的评论，这款冰箱好像质量不怎么样啊？🔮

客服燕燕从买家的提问知道这位买家是很武断的，单靠看评论就判断产品质量不好。这样的买家需要认真应对，既不能伤害了他们的自尊，又要维护自家产品的形象。然而由于刚入职，客服燕燕不知道产品性能如何，但是她决定婉转表达。

客服燕燕：亲，您真是好眼力啊！👍不过，冰箱好不好，要用了才知道哟。这里有数千的好评，可以证明咱家冰箱的质量是有保证的，亲可以放心购买。

买　　家：确实是这样啊！

【情景分析】

每个人都有好奇心，在买东西时肯定希望能了解得全面一点，这样才会下决心购买。买家的问题有时会很细致，甚至很难回答，这就容易造成客服人员不确定应该如何回答。面对不确定的答案，客服人员要善于婉转表达。客服蒙蒙与燕燕在回答买家的问题时，就采取了婉转表达的方式，既圆满解决了买家的疑问，又让买家心里感到舒服，从而让沟通顺利进行。

【技巧展示】

技巧一：根据语境选择语言文字

客服人员在与买家沟通的过程中会有不同的语境，要想让婉转表达达到良好的效果，关键是要做到根据语境选择语言文字。而选择语言文字的原则是用一种不明说的、能使人感到愉快的含糊说法，代替具有令人不悦的含义、不够尊重的表达方法。

技巧二：态度平缓尊重，切忌直言不讳

面对买家提出的难以回答的问题，客服人员要做到婉转表达，就要在态度上做到平缓尊重，切忌直言不讳，因为太急功近利是不行的。这样就能避免买家的自尊受到伤害，同时还能让买家心情愉快，心甘情愿地接受客服人员的建议。

情景 022 绕开话题

【情景再现】

买　家：看你的介绍，这件衣服确实不错，我决定拍一件。

客服小孙：亲，您太有眼光了！👍 这款产品确实是我家卖得最好的产品。

买　家：宝贝确实很好，只不过价格有点儿高，能不能优惠点？另外，这款产品能不能包邮？😀

客服小孙遇到了难题，因为他并不确定这款产品是否在店铺优惠的范围内，又不知道能不能包邮。如果直接拒绝买家的要求，很可能让交易成为泡影。因此，客服小孙并没有直接拒绝，而是选择绕开话题的做法。

客服小孙：亲，我先帮您查一下库存，看是否有您要的这个号码。

买　家：好的！

客服小孙：亲，您太幸运了！您要的这个号码，库里还有一件。我们这款衣服做工精细、用料考究，不但迎合当下潮流，还保暖透气，绝对适合您！☺

买　家：说的也是，好吧，我拍了。

【情景分析】

很多买家在拍单之前，都喜欢先咨询。面对买家的咨询，客服人员并不能将每一个问题都回答清楚，特别是一些难以回答的问题。面对这种状况时，客服人

员要懂得绕开话题，然后逐步引导买家，最终促成交易。客服小孙在面对买家提出的是否优惠包邮的问题时，先是说去查看一下库存，转移了买家的注意力，然后又对产品特性进行说明，让买家觉得物有所值，最终促成了交易。我们从中可以看出，绕开话题对于促成交易具有很重要的作用。

【技巧展示】

技巧一："搪塞式"回答

搪塞，是指用一些无关紧要的、说了等于没说的话去表达自己对对方所提问题的态度。对于客服人员来说，搪塞可起到既不破坏原有关系又减轻精神负担的作用。所以，面对买家的提问，客服人员不能给出确定的答案时，就要选择"搪塞式"回答的技巧。例如，买家问具体的进货渠道，客服人员可以说是正规渠道进货，却不说出具体的地方。

技巧二："闪避式"回答

在与买家沟通时，有许多问题是客服人员不能够或是不方便回答的。但如果断然拒答、缄口不言，或直言相告，就会令对方处于尴尬境地，交易也就成了泡影。此时，客服人员可以考虑采取"闪避式"回答技巧。例如，买家问质量问题，客服人员则可以绕开说产品优惠；买家问产品能否包邮，客服人员可以说产品质量上乘。

情景 023 介绍其他特性

【情景再现】

买　家：这款沙发确实不错！特别是设计，给人清新悦目的感觉。能给我介绍一下这款沙发的设计理念吗？

这个问题让客服小孙难以回答，因为他只是客服人员，对于设计理念之类只知道个大概，而要想精确地进行描述则是件非常困难的事情。但是，直接拒绝回答买家，又怕让买家生气。于是，客服小孙决定采取介绍其他特性的方式来巧妙应对。

客服小孙：先生，您的眼光很独到！这款沙发的设计确实让人眼前一亮，但它
更出色的是材料选择。这款沙发是真皮的，制作时只选择塞拉多草
原上的巴西顶级牛背皮，每五头牛背皮才能制作这么一款沙发哟，
皮质绝对柔软，结实耐磨。

买　　家：是吗？看来真是一款不错的宝贝，我要拍一个！

【情景分析】

买家在购买产品前，都会针对产品特性进行询问。特别是一些专业的买家，
他们会提出一些比较专业的问题。针对这类问题，很多客服人员是一知半解，有
的是丝毫不知，很难进行深入介绍。然而，直接拒绝买家的问题，则会阻碍沟通
的顺利进行。这就需要采取介绍产品其他特性的方式，来分散买家的注意力，以
促成交易。客服小孙在面对设计理念这个很难回答的问题时，采取介绍沙发皮质
选料的方式，最终打动了买家，让买家顺利拍单。

【技巧展示】

技巧一：选择自己最熟悉的特性

每位客服人员对要销售的产品都会有所了解，只是对产品各个方面了解的程
度不一样。然而，买家不会选择客服人员最熟悉的方面提问。很多时候，他们提
出的问题会让客服人员也不知道如何回答。在碰到这样的状况时，客服人员要避
开自己不熟悉的问题，转而介绍其他自己最熟悉的特性。

技巧二：渲染自己要介绍的特性

拒绝了回答买家提出的问题，多多少少会让买家心里不平衡。而要弥补买家心理上
的这种不平衡，客服人员就要懂得渲染自己所介绍的产品特性，要选择最优、最有
冲击力的词语来修饰自己的语句。例如"顶级""最优""最舒适""高科技"等，让

自己所介绍的特性能够吸引买家，并最终促使买家下单。然而，客服人员要把握的原则是不能肆意夸张，要在尊重事实的基础上美化自己的语言，而不是无中生有，否则就是在欺骗买家。

情景 024 趋长避短

【情景再现】

买　家： 这款化妆品美白效果不是很突出啊！

这是一个很敏感的问题，客服人员回答好了就能促成交易；回答不好，交易就很难达成。客服小刘明白，能否作出完美的回答，直接决定了买家是否拍单。对于这款化妆品在美白方面的功效，小刘也没有很深的了解，他决定采取趋长避短的方法进行沟通。

客服小刘： 您果然独具慧眼！这是一款主打保湿的产品，融入高科技保湿因子，让保湿效果卓尔不凡。现在是秋冬交替的季节，皮肤易干燥，这款化妆品能帮您完美解决这个问题。如果您能再拍一款美白的产品，两者相得益彰，定能给您的肌肤带来春天般的呵护！

买　家： 有套装吗？

客服小刘： 有啊，我可以发链接给您，成套拍单还有优惠哟！

买　家： 好的，我来个套装！

【情景分析】

任何产品都有自己的优点，也有自己的缺点。买家在咨询时，很可能涉及产品的缺点。面对这类问题，很多客服人员往往不知道如何回答。客服人员要做的是促成交易，而要想促成交易就要把产品的优点尽可能地描述出来。所以，客服人员在与买家沟通时要懂得趋长避短，依靠产品的长处来吸引买家，从而淡化买家提出的问题和产品的缺点。客服小刘就是这样做的，他避开产品没有美白功能这个缺点，转而描述产品的保湿特性，最终成功卖出了一套化妆品。

【技巧展示】

技巧一：技术含量不高，就强调实用

很多买家在进行产品咨询时，会说产品的技术低。客服人员对产品的制作技术可能知之甚少，在回答时可以避开技术含量低的缺点，转而论述产品实用性强的优点。

技巧二：材质不好，就突出设计

很多买家在购买产品之前会质疑产品的材质，很多产品也确实存在材质方面的问题。此时，客服人员可以通过强调设计出色来弥补材质方面的缺陷。反之亦然，买家说设计不好，客服人员就可以强调材质上乘。

技巧三：服务不强，就强调质量

很多卖家由于财力、物力有限，往往在服务上存在一定的缺点。当买家提出这方面的问题时，客服人员可以强调产品的质量优良。反之亦然，当产品质量有瑕疵时，客服人员可以强调服务出色。

第三节　机动灵活巧回答

情景 025　否定要间接

【情景再现】

情景一：

买　家：我确实相中了这套家具，想拍下来，但 200 元的邮费确实太贵了，

能不能便宜点儿？

客服丽丽：不能，这是店铺的规定。

买　　家：哦，那算了，我还是到别家店铺看看吧。

情景二：

买　　家：我想拍你家的这套家具，但是邮费有点儿贵，能不能便宜点儿？

客服小梁：亲，您的考虑是合理的，但是您也要理解我们的难处。家具是大件儿产品，邮费贵是正常的。考虑到买家的利益，我们已经垫付了一定的邮费。所以，现在的邮费才 200 元，要不还会多的哟。咱们互相理解好吧？

买　　家：是这样啊，好的，我拍了！

【情景分析】

　　每个人在考虑问题时都倾向于利己，买家在购买产品时也会有这样的心理。为了更好地实现利己的目的，很多买家会针对产品提出价格、邮费等方面的问题。客服人员要维护店铺的利益，就要对买家的这种要求进行否定。但如果采取直接否定的方式，定然会给买家带来不快，甚至会吓跑买家。而如果采取间接否定的方式，就能取得相反的效果。客服丽丽的做法就是直接否定，结果没有成交；客服小梁采取间接否定的方式，最终促成了交易。所以，客服人员在与买家沟通、要进行否定时，一定要采取间接否定的方式。

【技巧展示】

技巧一：避免使用否定词

　　客服人员与买家交流是讲究沟通艺术的，特别是在否定时要懂得利用合适的方式。为了能够在拒绝买家后又不招致买家的反感，客服人员就要尽量避免使用否定词，如"不能""没有""不会""不愿意""不可以"之类。如果必须使用否定词，客服人员就一定要向买家作出解释，以让买家舒心，最终促成交易。

技巧二：用温情打动买家

不管是何种形式的否定，都会给买家带来不好的感受。客服人员要想在否定买家的要求之后，还能让买家拍单，就要善于打温情牌。具体地说，就是给出否定的原因，并恳求买家能够理解。客服人员只要说得合情合理，买家就一定能够接受并最终愿意购买产品。

情景 026 幽默地肯定

【情景再现】

买　家：哀家来了，小李子还不来接驾？😄

客服小李：嗻，小李子恭迎皇太后圣安！😊

买　家：小李子，还不给本太后介绍一下这款产品？

客服小李：谨遵懿旨，此款润肤露是韩国"贡品"，萃取玫瑰精华，可以让皇太后青春永驻！😄

买　家：嗯，韩国在化妆品领域的确有较高的造诣。

客服小李：皇太后果然慧眼识珠，众人难以企及！👍

买　家：此款肯定是深层修复的。

客服小李：皇太后英明，明察秋毫，真知灼见让臣汗颜！

买　家：哈哈，哀家要拍一款，还不谢恩？

客服小李：谢主隆恩！😎

【情景分析】

客服人员与买家在线沟通时，关键是要激起买家交谈的兴趣，幽默地肯定就能够达到这样的效果。肯定买家的见解，能够让买家感受到被尊重，而幽默地肯定更能达到这样的效果。幽默地肯定是润滑剂，能够让整个沟通的过程顺利进行，并促使买家下单。客服小李在整个沟通过程中，一直运用幽默的语气来肯定买家的意见，逗得买家兴趣盎然并决定拍单。所以，客服人员在与买家沟通时，要懂得肯定买家，并且要懂得幽默地肯定。

【技巧展示】

技巧一：幽默地肯定买家的话

在与客服人员沟通的过程中，买家享受的是一种被捧的感觉。这种感觉除了源自客服人员的赞美之外，还源自客服人员的肯定。所以，在与买家沟通时，特别是表达与产品相关的意见时，客服人员一定要及时给予肯定，并且要运用幽默的元素。这种元素可以是无厘头的话语，也可以是当下流行的语言。

技巧二：幽默地肯定买家的建议

买家在与客服人员进行沟通时，会对产品和服务提出建议。面对买家的建议，客服人员要能够积极幽默地给予肯定。这种肯定可以采用表达幽默的成语，如"见解独到""明察秋毫"等；可以用比喻的方式，如说买家是"再世诸葛"；也可以采用幽默的表达方式，如向买家表示谢意时说"谢主隆恩"。

情景 027 想法一致时附和

【情景再现】

买　家：经过你的介绍，我已经深深了解了这款鞋子。然而，我发现这款鞋子在鞋带上与其他店铺有所不同，鞋带上存在差别。应该不会是牌子真假的问题吧？

客服欢欢：先生，您真细心，能注意到这么小的细节！这的确不是牌子的问题，我们这个产品正巧和其他店铺的同类产品有小小幅度的不同。

买　　家：这款产品有优惠吧，打八折？

客服欢欢：看来您真是一个细心的人，咱家这款鞋子的确是打八折。😊

买　　家：鞋子肯定能第一时间发货，是吧？

客服欢欢：先生真是个万事通，咱家这款鞋子货源充足，能在第一时间发货。😃

买　　家：哈哈，真是个会说话的小姑娘，😁我买一双！

【情景分析】

买家都喜欢客服人员顺从自己的意思，他们会由此产生一种存在感。而这种存在感就能促使买家下单。所以，客服人员要懂得顺从买家的想法，特别是当自己的意见与买家的想法一致时，更要懂得去附和，从而让买家对产品产生浓厚的兴趣。客服欢欢就是这方面的高手，她依靠附和赢得了这一单。其实，买家所表达的信息都是店铺的规定，其想法与欢欢的想法一致，欢欢所做的只是及时附和买家，并融入赞美的语言，让买家心花怒放，爽快下单。

【技巧展示】

技巧一：常说附和性的话语

客服人员要附和买家的想法，关键是要善于说附和性的话语，如"您说得太对了""您说得没错""就是这样啊""您真厉害""您真有见解""是的""的确如此"等。这些附和性的话语会让买家感受到自己被尊重，从而产生一种强烈的存在感。当买家有了这种自尊心被满足的存在感，客服人员开展的沟通就能顺利进行，交易就能成功实现。

技巧二：附和买家的建议

很多买家在与客服人员沟通时都会提建议。如果这种建议正好与自己的想法一致，客服人员就要积极去附和买家提出的建议。例如，买家提出改善产品的质地，客服人员可以说："您真是高明，而且学识丰富。关于质地的问题，您放心，我们一定改善。" 在产品设计、服务等方面，客服人员也可以采用这种方式。

情景 028 用亲身感受来回答

【情景再现】

情景一：

买　　家：这件羽绒服真的舒适保暖吗？

客服可可：当然，美女！😊这款羽绒服是长款加厚的，保暖效果特好。领子是防风貂毛的，穿起来舒适优雅。

买　　家：哦哦。

客服可可：我家的这款宝贝，我现在也在穿，穿起来既保暖又透气，是防御寒冬的利器哟！

买　　家：听起来真的不错，我可以拍一件。如果真像你说的那样，绝对给好评！😄

客服可可：美女请放心拍单，一定不负您所望！

情景二：

买　　家：这款洁面乳真的好用吗？

客服小林：绝对好用，能让您的肌肤柔嫩光滑，还有去细纹的功效哟！😀

买　　家：你自己用过吗？🍎

客服小林：亲，虽然我没用过，但是请您放心，效果绝对是很好的！

买　　家：你自己都没用过，凭什么这么肯定？拜拜！

【情景分析】

　　买家在进行网购时，都会对要买的产品存在怀疑。客服人员如果能消除买家的这种不信任心理，沟通就能顺利进行，交易才有可能达成。任何买家都有从众心理，他们如果能够得知有人在使用产品时取得良好的效果，那么，他们购买的决心就会增大。客服人员在与买家沟通时，就要善于运用这种沟通方式，凭借亲身使用感受来说服买家。在面对买家的咨询时，客服可可与小林取得了不同的结果，就是因为可可利用亲身感受来给买家提建议，最终促使买家下单；小林则是因为在这方面做得不足而导致买家弃单。所以，客服人员要懂得利用使用产品的亲身感受来与买家沟通，以消除买家对产品的不信任。

【技巧展示】

技巧一：告诉买家使用感受

对于一些产品，买家很看重他人的使用效果。特别是服装、美妆之类的产品，客服人员要善于利用自身穿戴或使用后的感受来与买家沟通，引导买家对产品产生好感，并促使他们下单。

技巧二：从其他买家的反馈来回答

虽说利用亲身感受能够对买家产生较强的说服力，但并不是所有的客服人员都使用过或者穿戴过产品。此时，客服人员要想很好地把感受传达给买家，就要从其他买家对产品的反馈中汲取有效信息，然后加以改变，使其成为自己使用、穿戴的亲身感受。

情景 029 幼稚问题予反问

【情景再现】

情景一：

买 家：你家的这套化妆品好评过万了，看起来真不错，我也想买一套。

客服瑶瑶：嗯嗯，咱家这套化妆品的确很好，不但能补水保湿，还能从根源上解决肌肤老化问题。

买 家：可不可以问你个问题，你家从哪里进的货？

客服瑶瑶：亲，如果你是卖东西的，你会把进货渠道告诉别人吗？

买　家：不能！

客服瑶瑶：呵呵，亲请放心，咱家这套化妆品的质量绝对信得过！

买　家：好！我要拍一套。

情景二：

买　家：这套西装真不错，我想拍一套。

客服小陈：先生，您真有眼光，这是咱家卖得最好的一款！

买　家：问一下，明天能到货吗？

客服小陈：先生，咱家店在江苏，您家在东北，您说一天能到吗？

买　家：肯定到不了！

客服小陈：先生请放心，只要您拍了单，我们会在第一时间发货，并为您选择
最快的物流方式，确保您尽早拿到衣服。

买　家：OK！

【情景分析】

　　淘宝客服人员要应对各种各样的买家，他们的性格迥然不同。不同的买家提
出的问题也是不尽相同，更有部分买家提出的问题显得幼稚可笑。面对买家提出
的幼稚可笑问题时，客服人员要作出妥善处理，明智的做法就是采取反问的方式。
反问能让买家感受到自己提出问题的不合理性，并且及时作出更正。同时，反问
还不会让买家产生反感，从而促使其下单。客服瑶瑶与小陈在面对买家的幼稚提
问时，就是采用反问的方式，达到了既拒绝买家又让买家不厌烦的效果。

【技巧展示】

技巧一：反问要及时

　　有些买家在与客服人员沟通时会提出一些幼稚的问题，如"进货渠道是什么"

"进价是多少""能不能在一天内到达"等。客服人员在看到这些幼稚的问题时应该采取反问的方式，而且反问要及时，要在第一时间作出。这样才能起到趁热打铁的作用，让买家能够及时警醒，意识到自己所提出问题的不合理。

技巧二：反问时态度要温和

第一时间进行反问能够起到良好的效果，但是必须要把握"态度温和"的原则。很多时候，客服人员能否说服买家，关键在于态度。反问对买家本来就有一定程度上的指责，如果客服人员再态度恶劣，定然招致买家的反感，甚至是愤怒。所以，客服人员不要激怒买家，在反问时要尽量保持温和的态度。

第三章
消除买家的顾虑

第一节 消除买家对产品的顾虑

情景
030 怀疑质量不好

【情景再现】

买　家：这款手表……（手表页面链接）是瑞士生产的？

客服叮叮：绝对正牌瑞士名表，全自动机械，具有防水功能，皮带设计简约不简单，尽显高端大气。现在这款表正在做活动哦，原价 2 000 元，现在只需 1 588 元！

买　家：我看红色皮带的那款是原价，这款特价，不会是质量有问题吧？

客服叮叮：亲，以前也有一些老顾客有过类似顾虑，他们也提过类似的问题。不过，我可以负责任地告诉您，不管是正价还是特价，其实都是同一品牌，质量也完全一样。只不过是我们店要拿一款出来做促销，以回馈新老客户。所以，现在买这些东西非常划算哦，亲完全可以放心地拍单！

买　家：原来是这样啊，好，我马上下单！

客服叮叮：感谢您对小店的支持，祝您购物愉快！😊

【情景分析】

由于淘宝是在网上购物，所以买家会对产品质量存在一定的顾虑。特别是对于一些特价产品，买家的顾虑会更重。客服人员要做的是消除买家对产品质量的顾虑，这样才能促使买家下单。客服叮叮就是在买家对特价手表的质量问题产生顾虑时，告知买家这款手表虽然特价，但与正价产品都是一个品牌，只不过这款手表是为了回馈新老客户而在做促销，并保证手表在质量上绝对没问题。这就打消了买家对产品质量的顾虑，并最终促使买家下单。

【技巧展示】

技巧一：告知买家是同一批货，不会有问题

如果买家对同一批产品中某一件产品的质量存在顾虑，例如有的卖得好，有的卖得不好，客服人员可以告诉买家不管是卖得好的产品，还是卖得不好的产品，都是同一批货，在质量上绝对不会有问题。

技巧二：说质量都是一样，请买家放心

对于一些产品，特别是一些搞特价的产品，很多买家都对其质量存在顾虑。客服人员可以告诉买家不管是特价产品，还是正价产品，质量都是一样的，请买家放心；还可以告诉买家这款产品搞特价的原因，如搞店庆、搞促销等。

技巧三：强调买家购买的利益

当买家对产品质量存在怀疑时，客服人员首先要尊重买家的顾虑，然后再针对买家的顾虑真诚、负责任地告诉买家事实。最重要的是强调买家现在购买所能够获得的利益，以推动买家立即作出购买决定。

情 景 031 怀疑宝贝有色差

【情景再现】

情景一：

买 家： 这款上衣看起来颜色挺亮的，你的图片跟实物会不会有色差，色差大不大？🍎以前买衣服，很多卖家的照片效果非常好，拿到手后就不是那么回事儿了。

客服成成： 亲，咱家衣服都是实物拍摄，没有经过 PS 调色，全是原汁原味的。亲，尽可放心购买。如果色差很大，亲可以享受无条件退款的服务。😊

买 家： 好，既然你都这么说了，我买一件！

客服成成： 么么哒，感谢您的信任，祝您购物愉快！

情景二：

买 家： 你家这款羽绒服有没有色差，不会经过 PS 处理吧？🍎

客服小郑： 亲，小郑向您保证，绝对没有经过 PS 处理。但是，我需要向您坦诚的是由于显示器不同、拍摄的因素，些许色差可能存在。不过，我敢保证，这种色差是很小的，甚至可以说是微乎其微的，亲可以放心购买！😊

买 家： 你说得也有道理，我拍一单。

【情景分析】

　　买家在网上购物时，由于看不到实物，会对色差问题产生顾虑。特别是衣服类的产品，买家对色差的顾虑更重。有时候，色差问题可能决定买家是否会下单。因此，客服人员要做的是打消买家对色差的顾虑。客服成成依靠大包大揽取消了买家对色差的顾虑，小郑则用委婉的方式告诉买家衣服不会存在色差问题。如此就打消了买家对色差的顾虑，并成功促使买家下单。这就说明，客服人员要善于打消买家对色差问题的顾虑，并最终促使买家成交。

【技巧展示】

技巧一：保证没有色差问题

　　面对买家对色差的顾虑，客服人员要能打消买家的这种顾虑。如果拍摄的产品图片没有经过任何处理，那么客服人员就可以告诉买家自己的产品图片没有经过任何处理，能够保证没有色差问题。

技巧二：表明出现色差的原因

　　没有商家可以保证自己的产品图片没有任何色差问题，即使是最正常的拍摄也可能出现色差。此时，客服人员可以告诉买家由于显示器的显示效果、拍摄环境等因素的影响，产品可能存在些许色差。这就能让买家感受到你的真诚，最终成功促使买家下单。

情景 032 怀疑尺寸不合理

【情景再现】

情景一：

买　家：我身高155cm，体重45kg。你家的M码，我可以穿吗？平常我都是穿M码的衣服，我怎么感觉这个款式好像有点儿大啊？

客服夏夏：亲，我们家的产品尺码都是严格按照国际标准来限定的，都是标准码，亲可以放心购买！

买　家：好，那我拍一件。

情景二：

买　家：我平常都是穿S码的上衣，你们店的S码衣服，我可以穿吗？

客服丫丫：我们店有S、M、L、XL四个可供选择的号码，并且每一码的衣服都有标准的袖长、后衣长、胸围数字。亲如果不放心，可以实际测量一下。由于做工的区别，可能存在1~2cm的误差。亲可以大胆拍单，如果不合适，我们店可以免费负责退换哦！

买　家：好的，来一件，嘿嘿。

【情景分析】

很多买家在网购时，都会有"尺寸与描述不符"的困扰。所以，很多买家在拍单之前都会询问客服人员与产品相关的尺寸问题，这种沟通常常在鞋子与衣服方面发生。要想让买家下单，客服人员就要消除买家"尺寸不合理"的顾虑。客服曼曼与丫丫在与买家沟通时，运用的都是这种技巧。他们在买家对尺寸问题产生怀疑时，积极打消买家的顾虑，最终促使买家下单。因此，淘宝客服人员要善于打消买家对产品尺寸的顾虑，让买家感到放心。

【技巧展示】

技巧一：告知买家产品的尺寸标准

当买家提出尺寸问题时，客服人员打消买家对产品尺寸顾虑的最好方式，就是告诉买家自家产品的尺寸标准，如欧美、均码；并且告诉他们产品是正码，有详细的尺寸对应表；还要告诉买家由于所使用的测量工具不同，可能会存在1~2cm的误差，建议买家可以根据自身的情况进行号码选择。这样就能消除买家对尺寸问题的顾虑，促使他们下单。

技巧二：承诺如果是尺码问题可以退换

买到的衣服或鞋子因为尺码问题而不能穿，是很多买家都会头疼的问题，也是他们在很多时候对下单产生顾虑的重要原因。面对这种状况，客服人员要告诉买家可以退换货。同时，如果能够承担运费，就告诉买家可以免费退换；如果不能承担运费，就告诉买家并给予适当解释，以便获得其谅解。

情景 033 怀疑牌子不值得信任

【情景再现】

情景一：

买　家：看你们店的名字不是马克华菲的旗舰店，你们销售的马克华菲都是正品吗？

客服六六：亲，您的顾虑是可以理解的，可以看出您是一个认真谨慎的人。但亲请放心，我们店是皇冠级店铺，我们店内的产品都是正品马克华菲，我们做的是分销。亲，尽可以放心拍单哦！

买　家：哦哦。

情景二：

买　家：你们店这款产品的牌子值得信任吗？

客服小四：亲，我们店的产品都是正品哦！这款产品月销量已经过万，并且好评如潮。从其他买家的反馈中，亲就可以知道是不是正品。不要害怕，不要担心，本店产品假一赔十，亲可大胆下单！

买　家：哦，看来确实如此，我也是看到销量好才关注的。

【情景分析】

　　由于网上购物的特殊性，买家在购物时多少都会对产品的品牌产生怀疑。特别是对于一些非品牌旗舰店的店铺来说，买家对店铺的产品更是心存顾虑，怀疑卖家出售的不是正品。此时，客服人员担当的就是消除买家这种顾虑的角色。甚至可以说，客服人员能不能消除买家在这方面的顾虑，直接决定了买家能否下单。客服六六与小四做得就比较好，他们在买家对品牌产生怀疑时从容应对，从不同方面消除买家对品牌不正的顾虑，最终促成了交易。因此，淘宝客服人员要善于随机应变，根据不同状况作出灵活应对，以消除买家的顾虑。

【技巧展示】

技巧一：以店铺信誉打消买家的顾虑

由于网店不像实体店那样可以看得见、摸得着，所以很多买家在网购时总是心存顾虑。而买家进行网购的一项重要依据就是淘宝店铺的信誉，信誉越高的店铺就越能受到买家的信任。当买家对店铺产品的品牌表现出怀疑时，客服人员可以通过告诉买家店铺信誉很高的方式来打消买家的顾虑。

技巧二：以产品的销量和用户反馈打消买家的疑虑

很多时候，卖家的信誉高，并不一定能够彻底打消买家心中对品牌的怀疑。此时，客服人员要运用另外一种方法打消买家的疑虑，那就是告诉买家这款产品的销量很出色，客户有很好的反馈，以此来证明自家产品不存在品牌真假的问题。

情景 034 怀疑宝贝过时了

【情景再现】

情景一：

买　家：这款空调优惠力度挺大啊，是不是已经过时了，才会这么便宜？

客服小高：亲，您放心，这款是今年刚上市的新品，不论性能还是外观都绝对赶得上时代！

买　家：那为什么这款空调现在这么便宜？

客服小高：亲，来得早不如来得巧！今天是本店三年店庆。为了回馈新老客户，本店特拿出三款产品来做特价。先到先得哦，买到就是实惠！

买　家：哈哈，是这样啊，那我可不能错过。

情景二：

买　　家：看这鞋子好像是 2012 款的，是不是已经过时了？

客服贞贞：亲，您真有心，一看就知道您经常关注这个牌子。这款鞋子的确跟
2012 年的那款很像，但是我们加入了柳钉、紫色花纹等当下流行元素。
亲请放心，这是一款非常流行的鞋子。

买　　家：仔细一看确实是这样，原来是我搞错了！

【情景分析】

　　买家在购物，特别是购买穿戴方面的产品时，会把过不过时作为重要的参考
标准。客服人员在与买家沟通的过程中，常常会遇到这样的问题。能否打消买家
对产品是否过时的顾虑，也成为衡量客服人员工作能力高低的重要标准。客服小
高与贞贞就是这方面的高手。在面对买家对产品是否过时的疑问时，小高说是因
为搞促销才会便宜，贞贞则利用当下最流行的元素对买家进行说服，这两种说服
方式都取得了预期的效果。我们从中不难发现，客服人员要善于消除买家对"产
品是否过时"的顾虑。

【技巧展示】

技巧一：以回馈来解说

　　很多买家之所以怀疑产品过时，是因为产品优惠力度大，让他们产生了警惕。
他们不相信天上会掉馅饼，产品之所以会以促销价出售，在他们看来，原因之一
就是产品过时了，需要处理。面对有这样心理的买家，客服人员要及时告诉他们
这是店铺为回馈客户而进行的活动，与产品是否过时无关。

技巧二：用当下流行的元素来解说

　　并不是所有买家都能相信店铺出售的产品是不过时的，除非客服人员能够说
出它不过时的原因。这就需要客服人员根据销售产品的不同来告诉买家产品为何

不过时，客服人员所要做的是把当下流行的元素融入到产品介绍中来。例如，流行的花纹、流苏设计，以及最先进的科技等。这样就能消除买家对产品是否过时的疑问，最终促使买家下单。

情景 035 怀疑宝贝不够档次

【情景再现】

情景一：

客服小光：亲，这是一款当下最流行的，也是最受欢迎的护肤品。如果您对市场上现有的护肤品已经眼花缭乱，不知该如何抉择，亲，不要再神伤了！它融美白与抗衰老双重功效于一身，是一款最值得入手的产品。每天只需两分钟，您就可以告别成堆的护肤品，让您的脸庞光滑白嫩！现在入手只需要 1 700 元哦！😄

买　家：看表面好像是塑料的，感觉很没档次，也不知道值不值这个价钱？

客服小光：亲，可能让您产生了错觉。这款产品的表面不是塑料哦，是钢琴烤漆，绝对高端大气上档次。亲可以放心入手哦！

买　家：哦，是钢琴烤漆的啊，挺不错！可以入手一件。

客服小光：感谢亲对小店的支持，祝您皮肤越来越好，越来越美丽！😊

情景二：

买　家：你家的这件衣服好像不够档次啊？😛

客服晶晶：这件衣服才 50 元，很难达到您要说的"上档次"标准。要想"够档次"，亲可以选择贵的哦。😊

买　家：拜托，我说的档次不是说非要高档，我指的是不要让人一看就知道是廉价货！

【情景分析】

一些买家，特别是能力比较强的买家，他们往往会注重产品是否上档次，不上档次的产品很难让他们满意。所以，他们在购物时会从各个方面来审视自己想要入手的产品，并会产生这件产品是否上档次的疑问。当买家产生"产品是否上档次"的疑问时，客服人员就要打消买家的这种疑问。客服小光在这方面做得就比较好。当买家因为外观问题而怀疑产品不够档次时，他及时作出了解释并成功促使买家下单。而晶晶在这方面的表现就差一些，他对买家说的话里带有嘲笑的意味，如此是很难促成交易的。所以，客服人员要善于选择好角度来告诉买家产品是够档次的，可以放心购买。

【技巧展示】

技巧一：够档次产品直接说

即使是一些上档次的产品，买家在购买时也会有"不够档次"的顾虑。针对这种状况，客服人员就要直接告诉买家这款产品是绝对上档次的，并且把产品上档次的原因阐述出来，以消除买家的顾虑。

技巧二：便宜产品委婉说

客服人员常常会遇到这样的买家，他们买的产品是比较便宜的，但是却会说产品不够档次。面对这样的买家，客服人员要拿出真诚的态度，不要冷嘲热讽，而是要委婉地告诉买家这个价位的产品求档次是很难的，同时要告诉买家产品在同价位的同类产品中是突出的。

第二节 ● 消除买家对物流的顾虑

情景
036 怀疑是否包邮

【情景再现】

情景一：

买　家：这款产品确实挺好，就是不知道是否能够包邮？

客服晴晴：亲，这款产品绝对包邮，我们在产品介绍页面有标示哦！😊

买　家：我也看到了，只不过想确认一下。😊

客服晴晴：放心，亲！我们一定包邮，只要是在本店购买的产品，不管价格高低，
　　　　　一律包邮！

情景二：

买　家：这款产品包邮吗？

客服慧慧：亲，想什么呢？这款产品本身就二十块钱，您说能包邮吗？😒

买　家：呵呵，你们店铺该换客服了。照你这样，店铺早晚得黄，拜拜！😠

情景三：

买　家：你家这款产品包邮吗？

客服倩倩：对不起，亲！这是大宗物品，邮费需要您自理。小店利薄，望亲谅解，
　　　　　给小店一条生路，倩倩这厢有礼了！😕

买　家：哈哈，你还挺幽默，理解理解，咱拍了就是。😋

客服倩倩：感谢先生体恤，小妹感激不尽！😊

【情景分析】

是否包邮，是很多在淘宝上购物的买家经常考虑的问题。即使店铺在产品介绍页面给出了包邮的提示，他们也会对是否包邮心存顾虑，并在与客服人员沟通时提及这个问题。不管店铺是否包邮，客服人员都要能够及时消除买家的这点顾虑。客服晴晴与倩倩做得比较好，他们采取不同的方式消除了买家心里的顾虑，最终促成了交易。而慧慧的做法就很不恰当，语气里带有嘲笑，自然很难成交。所以，客服人员要能够根据实际情况进行措辞，以促使买家下单。

【技巧展示】

技巧一：包邮产品直接强调

如果买家是针对店铺规定包邮的产品表现出了顾虑，客服人员就要直接强调产品是包邮的，强调时可以用温和的态度，也可以采用幽默的方式。

技巧二：不包邮产品求谅解

如果产品不包邮，客服人员就要真诚地告诉买家，并征求买家的谅解。客服人员可以用"可怜"的语言告诉买家产品不包邮的原因，以赢得大多数买家的"同情"；也可以采取幽默的沟通方式转移买家的注意力，最终成功让买家下单。

情景 037 怀疑发货时间拖延

【情景再现】

情景一：

买 家：我想拍下这款产品，但是很担心你们不能第一时间发货。上次在其他店铺购物，等了两天还不发货。催了几次，客服根本不回应，气

死我了！☹

客服瑶瑶：这样的店铺确实挺气人的，既耽误买家的时间，又破坏了买家的心情。在咱家购物，亲尽可放心！咱们这款货物库存量大，只要您拍单，我们会在第一时间为您发货。

买　　家：好，那我就拍一单，希望你们不要让我失望！☺

客服瑶瑶：准包您满意，我们不会有丝毫的拖延！

情景二：

买　　家：你们家这款鞋子不错，想拍但又怕发货拖延。去年"双十一"购物，足足等了三天，卖家才发货，快气死我了！☹

客服晨晨：这样的卖家确实可恶，他们发货拖延一是货源不足，另一个原因就是人手不够。"双十一"毕竟是购物狂欢节嘛，实力不够的卖家肯定会拖延发货。但是，我们店绝对不会出现这种情况。我们是品牌直销，货源充足。同时，我们在"双十一"期间还会雇用上百人全天候不间断地包装，以确保第一时间发货。所以，亲可以放心购买哦！☺

买　　家：呵呵，这么强大，我要拍单！

【情景分析】

　　拖延发货时间，是很多买家都非常厌烦的事情，很多买家吃过这方面的苦头。拍单之后，卖家迟迟不发货，几经催促，却总是说在打包配送中。如此不愉快的购物经历，让很多买家在网购时都会询问卖家是否能够准时发货，特别是在节假日期间。客服人员要善于消除买家在这方面的顾虑，促使他们拍单。客服晨晨与瑶瑶正是因为正确处理了这个问题，所以能够促使买家下单。因此，客服人员要善于消除买家对店铺拖延发货时间的顾虑，如此才能让买家下定决心拍单。

【技巧展示】

技巧一：认同买家的感受

买家在谈论发货问题时，往往会谈及自己的购物经历。他们会对拖延发货时间的买家表现出不快，甚至是怨恨。客服人员要做的首先是认同买家的感受，尊重买家的观点，并附和着说卖家做得不对。这样就能让买家我到认同感，并对自己产生好感，从而能保证沟通的顺利进行。

技巧二：向买家展示自己的实力

要想成功消除买家对发货时间的怀疑，卖家就要善于向买家展示自己的实力。客服人员可以告诉买家自家店铺实力雄厚、货源充足、队伍强大，可以保证在第一时间发货。这种实力的展示，可以让买家对店铺能够准时发货坚信不疑，从而乐意下单。

情景 038 怀疑物流速度慢

【情景再现】

情景一：

客服当当：亲，您确定要拍单了吗？

买　家：想拍单，但是有一个顾虑，不知道你们的物流速度怎么样？最讨厌拍了单，却一星期还拿不到货。

客服当当：亲大可放心，我们除了能在第一时间发货之外，还会选择最优秀的物流伙伴，尽快把宝贝送到您手中。

买　家：好，我拍单。

情景二：

买　家：我想拍你家的这款宝贝，但是担心你们的物流速度不够快，我有急用。

客服星星：亲，这一点您不用担心，咱家店与四家优秀物流公司合作。而且，我们的特色是会根据不同买家的地址选择不同的物流公司，以确保货物能尽快到达您手中。

买　　家：这一点确实比较有特色，我马上拍单。

【情景分析】

如果说网购时有什么事情让买家厌恶，其中之一肯定是物流速度慢。没有人喜欢慢吞吞地发货，没有人喜欢拍单之后一个星期才能收到货。所以，买家在购物时常常会把物流速度纳入到是否拍单的考虑因素中去。客服人员要做的就是消除买家对物流速度的不信任，以促使他们下单。客服当当与星星就是通过这种方式来促使买家下单的。面对买家对物流速度提出的质疑，当当以"选择最优秀的物流伙伴"来打消买家的顾虑，星星则是以"根据买家地址选择合适的物流"来说服买家，两人都促成了交易。我们从中也可以看出，打消买家对物流速度慢的顾虑，对于促成交易是多么重要。

【技巧展示】

技巧一：告知买家与店铺合作的是最出色的物流伙伴

当买家对物流速度产生怀疑时，客服人员要及时告诉买家，与自家店铺合作的是最出色的物流伙伴，能够确保货物尽快到达他们的手中。出色的物流公司是消除买家对物流速度持怀疑态度的利器，客服人员要善于利用这一利器。

技巧二：告知买家物流因地而异

买家来自四面八方，对于不同的地方，物流公司配送的速度也是有区别的。有的物流公司能快速配送到一个地方，却未必也能快速配送到另一个地方。客服人员可以告诉买家，有好几家物流公司与自家店铺合作，店铺可以根据买家的地址选择最快捷的物流公司，确保货物在第一时间送到他们手中。这种方式是消除买家对物流速度不信任的最佳手段，能够有效地促使他们下单。

情景 039 怀疑宝贝会被损坏

【情景再现】

情景一：

买　家：我想在你家店拍一套茶具，可茶具是易碎品，怕在运送过程中损坏，而且换来换去的也麻烦。

客服巧巧：亲，您不必担心，我们在包装时会用足够多的泡沫塑料、泡绵，这些东西能够更好地缓和撞击；在茶具四周大量填充泡沫软包装，可以最大程度地减少宝贝被损坏的几率。

买　家：这样我就放心了。

情景二：

买　家：我想拍你家的这款一体机电脑，不过担心在配送过程中出问题。

客服小詹：亲，您放心，我们在发货之前都是经过严密包装的。我们会先用泡绵、气泡布、防静电袋等包装材料把电脑包装好，并用瓦楞纸在电脑边角或者容易磨损的地方加强包装保护。除此之外，我们还会用海绵、防震气泡布这类有弹力的材料将纸箱空隙填满。这些填充物可以吸收撞击力，避免电脑在纸箱中摇晃受损。

买　家：好，我可以放心拍单了。

【情景分析】

很多买家在网购时都遇到过货物被损坏的情况，处理这类问题也是劳心劳力。所以，很多买家在网购易碎品时，都会把货物是否会损坏作为是否购买的考虑因素之一。客服人员要做的就是告诉买家，自家店铺的产品在运送过程中不会出现任何损坏，以打消他们的顾虑。客服巧巧与小詹面对买家的疑问，把自家产品的包装情况详细地告诉买家，通过强调包装的可靠性让买家感知产品在运送过程中不会被损坏。这就是客服人员应该担当的角色，也是促成交易的重要因素之一。

【技巧展示】

技巧一：易变形、易碎产品，充分描述包装情况

易变形、易碎产品，包括瓷器、玻璃饰品、茶具、字画等。客服人员在告诉买家包装情况时，可以说包装时会用大量报纸、泡沫塑料、泡绵或者泡沫网填充在货物四周，并告诉买家货物在运送过程中不会出现任何问题。

技巧二：液体类产品，描述包装细节

对于液体类产品，客服人员可以告知买家，他们会先用棉花或透明的气泡纸将产品裹好，再用胶带缠紧，外面还有塑料袋作保护，最后将包扎好的货物放进小纸箱，而且箱内四周还会塞满泡沫塑料或者报纸。通过这些详细的细节描述，打消买家对产品会损坏的担心。

技巧三：贵重的精密电子产品，突出包装的防震功能

贵重的精密电子产品，包括电话、手机、电脑显示屏等。这类产品怕震动，客服人员要告诉买家包装时会用泡绵、气泡布、防静电袋等包装材料，箱内还会填满海绵、防震气泡布等有弹力的材料。

情景 040 怀疑到货不及时

【情景再现】

情景一：

买 家：想在您的店铺买件上衣，但发现您店铺的地址在广州。我现在在北京，这路程挺远的，要是十天八天不到货，可不得把人急死！😀

客服小光：亲，请放心！我们的物流速度较快，因为与我们合作的都是非常出色

的物流公司，到北京一般只需要两三天时间。亲一旦拍单，我们会第一时间发货。不出意外，只要三天时间，货物就可以到您手中。😊

买　　家：这物流速度还算可以，我决定拍单。

情景二：

买　　家：这件产品我急用，不知道五天之内能不能拿到货？🌐

客服小顾：亲，与我们合作的都是以快速著称的物流公司，根据您的地址，一般两天之内就能到货。但是，在货物配送过程中，或许会遇到不确定因素，可能会延误1～2天。五天时间绰绰有余了，亲可以放心拍单！😊

买　　家：好好。

【情景分析】

到货不及时也是买家比较厌烦的一件事情，特别对于那些需要急用的买家来说。很多买家在网购时，常常会询问卖家货物能不能及时送到，这就表明买家对配送时间存在顾虑。客服人员如果解决不好，很可能会影响买家下单。因此，客服人员要善于打消买家的这种顾虑，促使他们下单。客服小光与小顾就是在买家对配送到货是否及时表示怀疑时，立即帮助买家消除了这种顾虑，最终促使买家下了单。

【技巧展示】

技巧一：让买家知道自身的物流实力

卖家要想消除买家对货物不能及时送到的顾虑，就要让买家明白自己有实力及时把货物送到他们手中。因此，客服人员可以告诉买家，自家与哪些出色的物流公司合作，一般几天可以迅速地把货物送到他们手中。这样就能让买家对卖家的送货能力产生信任，从而促成交易。

技巧二：不使用绝对性语言

当买家提出货物能不能及时送到的问题时，客服人员要立刻给出答案。但在给出的答案中不要使用绝对性语言，如"绝对可以""丝毫没有问题""肯定能到"等，而是要多使用"不出意外""或许""可能"等不确定性词语。这样既能让买家产生信任感，又不至于在货物不能及时送到中时给买家留下说词。

第三节　消除买家对售后的顾虑

情景 041　怀疑是否保修

【情景再现】

买　　家：这款手机……（手机页面链接）的性能着实不错，我想入手一部，但不知道在您这购买是否保修？

客服小杨：亲，购买我们这款手机，可以免费保修一年，而且是全国联保。我们在全国有将近 500 个维修点，只要您持保修卡，就可以在任何一个维修点进行修理。所以，亲可以放心购买，我们会在给您发货时一同把保修卡发给您。只要不是人为的损坏，在我们规定的保修范围内，我们都保修哦。

买　　家：那我尽快入手一款。

客服小杨：感谢您对小店的支持，祝您购物愉快！

【情景分析】

产品是否保修是很多买家在购买时都会考虑的事情，特别是在买一些大宗物品（冰箱、空调、电脑、电视机、手机等）时都会考虑是否保修。甚至可以说，是否保修在很大程度上决定了买卖双方是否能够成交。所以，当买家对产品是否保修提出质疑时，客服人员要懂得如何打消买家的这种顾虑。客服小杨就是在买家咨询手机是否保修时，积极告诉买家手机是全国联保的，只要不是人为损坏，都可以享受保修服务，最终成功打消了买家对手机是否保修的顾虑，顺利让买家下单。所以，客服人员要懂得及时打消买家对产品是否保修的顾虑，如此才能让买家顺利拍单。

【技巧展示】

技巧一：表现出保修能力强大

在售后服务方面，保修占据重要的位置。客服人员要想成功打消买家心中对这个问题的顾虑，就要展现出自家店铺保修能力的强大。如果支持全国联保，就告诉买家产品支持全国联保；如果保修网点多，就说出全国有多少保修网点。这种实力的展示就能很好地打消买家心中对是否保修的顾虑，从而促使他们成功下单。

技巧二：具体说明保修范围

如果在与买家沟通的过程中，客服人员只说保修，是很难取得买家信任的。而当客服人员说出产品的保修范围时，则更能让买家感受到真实可信。所以，客服人员要把产品保修的相关规定告诉买家，让买家对保修有更清晰的了解，最终促使其下单。

情景 042 怀疑是否包换

【情景再现】

买　家：这款笔记本看起来不错……（笔记本页面链接）。

客服小李：亲，一看您就是内行！这款笔记本超薄机身，最新 i7 处理器，2G 独显，15.6 寸大屏，外观时尚。绝对高端大气上档次！

买　　家：很想入手这台笔记本，只是不知道是否包换？

客服小李：亲，这款笔记本包换哦！只要是在 7 日内，笔记本出现非人为损坏的性能故障，您可以选择同型号、同规格的笔记本更换。只要保证所要更换笔记本的外观无磨损，并且确保所有配件和包装都完整，我们会为您提供包换服务。亲可以放心购买哦！☺

买　　家：好，我马上下手，嘿嘿。☺

【情景分析】

　　产品是否包换，也是很多买家都会考虑的问题。特别是对于一些贵重物品，是否包换直接决定了买家能否下单。虽然卖家可能在包换方面作出了通告，但是很多买家还会有这方面的顾虑，毕竟贵重物品都价格不非。客服人员要做的是打消买家心头的顾虑，加深他们对卖家产品包换政策的认识。客服小李就是在面对买家提出笔记本是否包换的疑问时，把与产品相关的包换政策说出来，最终促使买家放心地下了单。因此，客服人员要时刻能够像小李那样，在买家提出是否包换时积极给予解释说明，打消他们的顾虑，以促成交易。

【技巧展示】

技巧一：多说让买家放心的话

　　如何打消买家的顾虑，关键在于能否使用足够让买家放心的话语。客服人员在与买家沟通时，要多使用"请您放心""绝对包换""一定包换""可以选择"等能够让买家感到放心的语言。只有如此，才能加深买家对卖家产品包换政策的认识，最终成功促使买家下单。

技巧二：说出包换的限定条件

　　客服人员除了多说让买家放心的话语之外，还要说出包换的限定条件。其体地说，客服人员要告知买家，产品包换的范围以及包换的原则。在此基础上，客服人员要能够最大限度地让买家对包换政策有所了解，积极消除买家对产品是否包换的顾虑。

情景 043　怀疑是否包退

【情景再现】

情景一：

买　家：你家的这款香水……（香水页面链接）可以无理由退货吗？

客服小幻：呵呵，您说可以退货吗？无理由？！哪家店铺会这样做？再说，您退了，我们还卖给谁去？何况这款香水才一百多块钱，呵呵。😄

买　家：呵呵，那算了，咱不拍了行吧？😞

情景二：

买　家：咱家这款香水包退吗？

客服苗苗：对不起，亲！由于香水是特殊物品，不支持包退服务，请您谅解。但是，我们会以最出色的产品和服务让您满意！

买　家：理解理解，我马上下单。

【情景分析】

很多买家在网购时，都会考虑产品是否包退。有些卖家出售的产品支持 15 日内退货，有些卖家则由于产品的特殊性而不支持退货。不管是不是支持退货，客服人员都要懂得沟通的技巧，都要懂得如何消除买家的顾虑。客服小幻与苗苗在与买家沟通的过程中之所以取得了相反的结果，就是因为沟通的策略不同。小幻在沟通过程中没有尊重买家，态度蛮横，成交失败理所当然；而苗苗在与买家沟通的过程中则是积极解释，态度温和，最终获得了买家的认可并促使其很快下单。

两种截然不同的沟通结果表明，要想打消买家对产品是否包退的顾虑，客服人员就要掌握一定的沟通技巧。

【技巧展示】

技巧一：沟通时态度要好

对于买家来说，包退的请求被拒绝，自然会感到多多少少的不痛快。而要消除买家的这种不痛快，客服人员在与买家沟通时就要保持良好的态度，让他们感受到自己的诚意，让他们知道不包退也是无奈之举。只有态度良好，才能让买家理解卖家，从而促使买家乐意下单。

技巧二：积极说明不包退的原因

除了在沟通时的态度要好之外，客服人员还要积极说出产品不包退的原因。例如，香水、化妆品、食品之类的产品，客服人员要真诚告诉买家为什么不包退。而具体原因可以从产品自身的性质说起，说特定产品不支持包退服务。同时，客服人员还要告诉买家，不包退也是为了保证每个买家的利益。

情景 044 怀疑问题不能及时处理

【情景再现】

买家：你家的售后服务怎么样，产品出现问题了能不能及时给予处理？我想拍单，但又怕货物出现问题时，你们不能及时给予处理。

客服小强：亲，我们有强大的售后，仅售后客服人员就有四个，可以帮助买家处理一切与产品有关的问题。亲，您要是不信，可以查看一下买家对咱家售后服务的反馈。好评如潮啊，亲尽可以大胆拍单。

买家：本来就打算拍这款产品了，有你这么说，我就更放心了，马上拍。

客服小强：小强再次谢过，感谢您对小店的支持，祝您购物开心！

【情景分析】

由于网购是在虚拟的网络上进行，买家在购物时只能看到产品的图片，而不能看到实物，所以在质量、款式、尺寸等方面都只有感性的认识，而不是实际的感受。正因为如此，买家在收到产品实物时，难免会遇到这样那样的问题。为了解决这些问题，买家就要与客服人员进行售后沟通。而很多卖家的售后服务并不出色，或者可以用糟糕来形容，这就给买家造成了很大的困扰。所以，许多买家在网购时会充分考虑卖家能不能做到及时处理售后问题。客服小强在这方面就做得比较好，他通过描述自家店铺售后服务强大的方式来说服买家，使买家得以顺利下单。

【技巧展示】

技巧一：告知买家售后服务队伍强大

要消除买家对售后问题不能及时得到处理的顾虑，卖家就要让买家感受到自身售后队伍的强大。客服人员可以告诉买家，自家店铺有"多少售后客服人员""多少专门处理售后问题的员工"。这样就能让买家切身感受到店铺售后服务的强大，可以及时处理产品售后出现的问题。

技巧二：用实例进行证明

用实例进行证明，能够起到良好的说服作用，也能更好地打消买家的顾虑。客服人员可以列举几个快速处理买家售后问题的事例，这种做法比单纯地讲述售后服务如何好更有成效，更能消除买家对自身售后服务的怀疑。

第四章

激发拍单欲望

第一节 巧用赞美

【情景再现】

情景一：

客服珊珊：亲，您的 ID 很有个性哦！👍

买　　家：嘿嘿，是吗？

客服珊珊：通过您的 ID 就知道您是一个很有个性的人，生活中您一定很有主见，

　　　　　像您这样的人一定活得很精彩！

买　　家：猜对了，的确是这样！

客服珊珊：咱家这款夹克与您的性格很配哦，它就是专门为您这样有个性的人

　　　　　准备的，穿上它更能彰显出您的个性，亲要尽快下单哦！

买　　家：好好，我拍了！

情景二：

客服小刘：先生，有什么可以帮助您的？您的 ID 很是与众不同哦，这是我见到

的最短的 ID！想必您是位资深网购人士，从中也可以看出，您是一
个追求时尚的人。👍

买 家：有眼光！

客服小刘：咱家也是专卖时尚用品的，您来小店更可以看出您是一个爱好时尚
的人。小店有很多宝贝都适合您哦，您可以看看。😊

买 家：多谢！

【情景分析】

赞美很重要，任何人都希望得到别人的赞美。客服人员在与买家沟通时，要
善于运用赞美的方式赢得他们的好感，从而促成交易。由于多是在线沟通，只能
看到买家的淘宝账号（ID）、头像等，客服人员就要从这些方面入手来赞美买家，
通过赞美买家的 ID，引导买家下单。客服珊珊与小刘就是这样让买家产生了好感
与交谈的兴趣，最终促成了交易。

【技巧展示】

技巧一：赞美买家的 ID 有个性

很多买家的 ID 是很有个性的，客服人员就要从个性入手，称赞买家是有个性
的人，从而激起买家的兴趣，赢得买家的好感。

技巧二：赞美买家的 ID 很时尚

一些时尚的买家设置的 ID 也会很时尚，客服人员就要从时尚入手，称赞买家
是很潮的人，在此基础上打开话题，促进沟通的顺利进行。

技巧三：赞美买家的 ID 易记

很多买家在设置 ID 时喜欢简短易记，客服人员要称赞买家的 ID 简洁易记，并
称赞买家是很有品位的人，如此就能让沟通更加顺利地进行。

技巧四：赞美买家的 ID 有爱心

很多买家在设置 ID 时会采取表达爱心的方式，如某某 520、某某爱某某等。客服人员在看到这样的 ID 时，要称赞买家是一个很有爱的人，以此来让沟通顺畅开展。

情景 046 赞美买家的头像

【情景再现】

情景一：

买　　家：我要买束玫瑰，又不知道哪一种好，给点儿建议呗？

客服小杨：当然可以，亲！您的头像是您和您女朋友吧？亲很帅，女朋友也很漂亮啊，你们真是郎才女貌！😎 如果猜得没错的话，亲一定是给女朋友买玫瑰吧？

买　　家：嗯嗯，马上情人节了。

客服小杨：亲，建议您买这束，有十三朵玫瑰，代表一生一世，寓意很好哦！另外，这款还有赠品，是一对呆萌可爱的小熊哦！

买　　家：好的，就要这款了。

情景二：

客服畅畅：美女，您的头像是您本人吗？长得很漂亮、很有气质哦！😎

买　　家：是吗？凑合着能看吧，嘿嘿！

客服畅畅：真是很漂亮啊！我要是像您那么漂亮、有气质就好了。不过可能要下辈子了，呜呜……🤐

买　　家：你真会聊天！😜

客服畅畅：嘿嘿，咱家小店的化妆品都是来自韩国，能让您越来越漂亮。特别是这款保湿的，效果特别好。看您皮肤够白的了，买化妆品侧重保湿就 OK 了。

买　　家：嗯嗯，说得很对，就要这款吧。

【情景分析】

能给客服人员带来直观感受的，除了买家的 ID 外，还有买家的头像。很多买家在设置头像时会选择自拍照，也有人会选择宠物照，客服人员要懂得利用买家的头像来展开赞美。这种赞美头像的方式能让买家心情愉悦，从而保证沟通的顺利进行。客服小杨与畅畅就是通过赞美买家头像的方式来让买家下单的。小杨赞美买家是郎才女貌，畅畅则赞美买家漂亮有气质，他们通过赞美赢得买家的好感，然后再顺势引导买家，最终促成了交易。

【技巧展示】

技巧一：赞美买家漂亮、帅气

对于一些美女买家，客服人员要赞美她们漂亮。对于一些帅帅的年轻买家，客服人员要赞美他们阳光帅气。没有人不喜欢他人赞美自己，客服人员通过赞美买家漂亮、帅气，就能很好地激起买家的兴趣。

技巧二：赞美买家有气质

对于一些不漂亮的女性买家，客服人员也要懂得赞美。既然不漂亮，就要赞美她们有气质。对于一些男性买家，也可以赞美他们有气质。通过这种赞美，客服人员就可以进一步拉近与买家的距离。

技巧三：赞美买家有爱心

一些买家喜欢用宠物照当作头像，这透露出的是他们非常喜欢宠物。客服人员要赞美这类买家有爱心，并和他们聊一些与宠物相关的话题，这样就能使整个沟通过程更加顺畅。

情 景

047 赞美买家所在地

【情景再现】

情景一：

客服团团：亲，您是郑州的啊！郑州可是个好城市啊，哪里的烩面相当好吃。特别是

萧记烩面与合记烩面，我去吃过呢，滋味美美的！😊

买　　家：你也喜欢吃烩面啊，我也喜欢！🍜

客服团团：咱们北方人都喜欢吃面，嘿嘿。

买　　家：嗯嗯。

客服团团：亲，要买这款产品吗？我可以先给您作个详细的介绍。

买　　家：好的啊！

情景二：

客服暖暖：美女是杭州的啊！杭州西湖很出名哦，去年我还去玩过呢。

买　　家：是吗？西湖确实很美，杭州的象征嘛！

客服暖暖：自古苏杭出美女，想必您也是美丽女子一枚！😮

买　　家：呵呵。

客服暖暖：来自杭州的美眉，咱家店里的化妆品都是欧莱雅正品哦，先拍还有

优惠呢！😃

买　　家：麻烦给介绍一款。

客服暖暖：嗯呐！

【情景分析】

　　从买家的淘宝账号，我们还可以看出买家所处的城市，客服人员也可以对买家所处的城市进行赞美。人都有浓厚的家乡情结，都会对家乡出色的风景、小吃

等感到自豪。客服人员可以此为切入点，赞美买家的家乡，激起他们的自豪感，从而可以更好地促成交易。客服团团赞美买家所处城市的美食，暖暖赞美买家所在地的风景名胜，两者都达到了良好的沟通效果。我们从中不难发现，赞美买家所在地对促进买家下单能够起到良好的作用。

【技巧展示】

技巧一：赞美买家所在地的美食

各地都有其特色的美食，如重庆火锅、武汉热干面、郑州烩面、西安羊肉泡馍、兰州拉面等。淘宝客服人员可以根据买家账号透露出的地址信息来展开赞美，赞美其所在地的美食是多么美味，自己是多么向往，对方是多么幸福。经过一番赞美，买家就会对客服人员产生好感。在此基础上，客服人员再对买家进行说服。

技巧二：赞美买家所在地的风景名胜

各地都有著名的风景名胜，如北京天安门、杭州西湖、苏州拙政园、承德避暑山庄等。淘宝客服人员可以赞美买家所在地的风景名胜，并声称自己一直想去玩。如此赞美，就能激起买家的自豪感，客服人员再与买家继续沟通，就能取得良好的效果。

情景 048 赞美买家购买的产品

【情景再现】

情景一：

买　家：我发现很多买家都喜欢你家带花色的那款外套，我喜欢素色、没有花纹的这一款。

客服小南：亲的眼光真是很独特哦！这件素色的外套确实不错，简洁大方，肯定和您很搭。像您这样眼光独特的买家，是少之又少啊！👍

买　家：我觉得也是。😄

客服小南：那咱拍了？

买　　家：坚决拍！

情景二：

客服小贝：亲，从您选的这款产品，可以看出您有超前的健康意识！👍

买　　家：是的哦。现在手机、电脑辐射很厉害，买一款防辐射的宝贝很有必要。🙂

客服小贝：您这意识绝对超前，现在很多人都没有这样的意识。除了这款产品

　　　　　之外，我们店还有一款更好的，只不过价格贵点儿，亲要不要考虑？

买　　家：好的啊，价钱不是问题。

【情景分析】

　　客服人员赞美买家，还可以赞美买家购买的产品作为切入口。任何一位买家选择产品时都会融入自己的想法，不管想法是成熟，还是不成熟。所以，客服人员可以抓住这一点，通过赞美买家购买的产品来赞美买家，从而达到取悦买家、促进成交的效果。客服小南与小贝就是通过赞美买家购买的产品，来赞美买家有眼光、意识超前，从而赢得了买家的好感，成功让买家下单。

【技巧展示】

技巧一：赞美买家有眼光

　　很多时候，买家会把产品在淘宝的销量作为自己选择的依据，他们会选择店铺里销量最好的产品。如果买家选择这样的产品，客服人员可以称赞买家有眼光，并告诉他好多买家都选择这款产品，而且好评如潮。

技巧二：赞美买家眼光独到

　　并不是所有买家都喜欢最畅销的产品，有些买家在选择产品时会有自己选择的依据，有人钟情于设计，也有人钟情于材质。当买家选择的不是畅销产品时，客服人员可以赞美买家眼光独到，并告诉他们只有有品位的人才能注意到这些细节。

技巧三：赞美买家意识超前

很多买家有超前的意识，如超前的健康意识、超前的潮流意识、超前的生活理念等，他们喜欢挑选当下最新的、科技含量最高的产品。当买家选择这类产品时，客服人员要赞美买家有超前的意识，是引领时尚潮流的人。

情景 049 有针对性地赞美

【情景再现】

情景一：

客服小北：亲，您一定是一位赶潮流的小伙子，这款衣服您穿起来一定阳光帅气！

买　　家：您好像搞错了，我是位妈妈，在为儿子选衣服。

客服小北：是我搞错了，您要不要考虑一下这款衣服？

买　　家：小姑娘，你做客服好像不太专业哦！

情景二：

客服小小：刚才您说您是一位妈妈，想必您的宝宝一定聪明、可爱、懂事！

买　　家：我儿子确实挺聪明，也挺懂事的，但是不可爱。

客服小小：您怎么这么说？

买　　家：我儿子都快二十了，不能再可爱了吧？！

客服小小：额，对不起！

【情景分析】

心理学家认为，人类本质中最殷切的需求是渴望被肯定。对于客服人员来说，能够恰如其分地赞美买家，就能使买家感受到温馨，打动他们。客服人员如果学会了赞美，往往能使自己受益无穷。但是，赞美也需要有一定技巧的，最关键的技巧是赞美需要有针对性。客服小北、小小与买家沟通失败的主要原因，就是在赞美时没有做到有针对性。而且，关键点是他们没有搞清楚赞美的对象，就盲目使用赞美语言，导致买家心生不快。

【技巧展示】

技巧一：赞美男性帅气、稳重

男性最喜欢的就是他人夸赞自己帅气，特别是年轻男性。如果客服人员在赞美年轻男性买家时用可爱、活泼，就属于典型的用词不当，没有做到有针对性地赞美，应该用帅气来形容。而对年龄稍大一点的男性买家，则要称赞他们稳重。

技巧二：赞美女性漂亮

针对女性，特别是年轻女性，客服人员要赞美她们漂亮。漂亮可以是指长相，也可以是指穿着打扮。客服人员以这两方面为切入点，大赞她们长相甜美、气质高贵，或者发型时尚、穿衣新潮，就能够让她们心生愉悦。

技巧三：赞美母亲从孩子入手

如果买家是一位母亲，那么客服人员可以选择从她的孩子为切入点进行赞美。如果买家是位年轻妈妈，则可以赞美她的孩子聪明、可爱；如果买家是位中年妈妈，则要赞美她的孩子帅气、潇洒或者漂亮。这样才是有针对性地赞美。如果反过来赞美，则会让买家产生溜须拍马的感觉。

第二节　制造机会压迫

情景 050 声明"数量有限"

【情景再现】

买　家：你们家这款妮维雅的润肤水是正品吗？

客服小刚：绝对正品哦！这款润肤水细腻，擦上后皮肤无负担，保湿效果出色，
　　　　　不但能够收缩毛孔，还能对痘痘有一定的疗效。

买　　家：真是有诱惑力，不过我还要思考一下。

客服小刚：亲要快点儿考虑哟！现在库存有限，先到先得。而且，现在拍单还
　　　　　包邮哦！

买　　家：是这样啊？那我拍一单吧。

客服小刚：亲，感谢您对我们的支持和厚爱，我们会以更好的产品、更优质的
　　　　　服务来回报广大亲们！

【情景分析】

　　"数量有限"已经成为销售行为中最常用的词语，这个词语对买家有一定的杀
伤力。因为数量有限，所以买家心里就会有怕错失机会的感觉。为了抓住这个机会，
买家通常会选择成交。淘宝客服人员在与买家沟通时要善于运用这个词语促使买
家下单。客服小刚就是运用了这一技巧，他在买家说要考虑一下时小刚立刻说库
存有限，以此催促买家下单。这种机会压迫的方法取得了良好的效果，买家因为
害怕失去仅有的购买机会，便选择了趁早下单。

【技巧展示】

技巧一：掌握好"强调数量有限"的时机

　　要想让这种劝服买家的方式起到良好的效果，关键是客服人员要把握好强调
的时机。很多时候，客服人员在与买家沟通时，会向买家讲述很多与产品有关的
信息。当买家对这些信息表现出很感兴趣且有成交的迹象时，客服人员就没有必
要采用这种方式。如果买家对是否拍单表露出犹豫时，或者表示"考虑一下"时，
客服人员就要及时告诉买家数量有限，给买家造成心理上的压力，以促使买家
拍单。

技巧二：掌握好"强调数量有限"的力度

"强调数量有限"是机会压迫促成交易的一种有效方式，客服人员除了要把握好"强调数量有限"的时机，还要把握好力度。要想机会压迫取得成效，就要加大强调的力度。客服人员可以采用"非常""紧缺""疯抢""供货紧张""仅有"等类似的词语，让这种"强调数量有限"的方式能够取得良好的效果。

情景 051 声明"时间有限"

【情景再现】

买　　家：这款包包是全皮的吗？

客服小柯：是的，亲！这款包包质地是纯牛皮工艺制作，融入了当下流行的菱格元素，是一种百搭款包包。如何搭配任您选择，背上之后更显高端大气。

买　　家：不错哟！

客服小柯：现在买还可以享受优惠哟！"双十一"抢购还有一个小时就结束了，亲要把握住机会哦！😊

买　　家：嗯嗯，这的确是一款值得购买的包包，我马上就拍单。

客服小柯：谢谢亲的赞美！我们将会用最认真的态度制作每一款包包，用最诚恳的态度对每位亲爱的买家。祝亲生活美满、工作顺利！

【情景分析】

时间压迫也是机会压迫的一种重要方式。客服人员如果在沟通的过程中能够恰当利用这种时间压迫的方法，就会很好地促成交易。对于卖家来说，应该抓住每一个节日进行促销。促销是有时间限定的，面对买家，客服人员就要利用时间压迫的方式给买家形成心理压力，从而能够"逼迫"买家成交。客服小柯就是正确运用了这种机会压迫的方式，他告知买家优惠活动还有一个小时就结束了，让买家跳过考虑这一步骤，转而直接下单。所以，客服人员要善于利用时间压迫的方式来促成交易。

【技巧展示】

技巧一：声明抢购时间有限

卖家的明智做法是每隔一段时间举办一次抢购活动。所谓抢购，就是拿出数量有限的产品，以低价格的方式放在网上，先到先得。淘宝客服人员要紧紧围绕卖家的抢购活动，在合适的时机告诉买家，"抢购的时间马上要结束了"，"宝贝就剩几件了"，"先到先得"。这样就能给买家带来心理上的压力，最终促成交易。

技巧二：声明优惠时间有限

买家在购买产品时，最希望看到的就是有优惠。卖家在活动日会为买家提供优惠，而客服人员在平时也要把这种优惠体现出来。例如，客服人员在与买家沟通时，及时告知买家店铺在搞优惠，并且优惠时间很快就结束了。这样就会让买家及时拍单，以求能在优惠的时间内抢到心仪的产品。

情景 052 声明"特定服务有限"

【情景再现】

客服小张：亲，这是一款高筒性感尖头高跟靴，靴头尽显性感与优雅曲线，女士穿上更显高贵。

买　　家：看起来确实不错，不过价格有点儿小贵！

客服小张：这款靴子是意大利纯手工制作，绝对的物有所值！现在购买还能享受特定的服务哦，前十名买家可以享受指定快递的服务。您可以根据自己的喜好与方便程度，来选择自己喜欢的快递。而且，今天前十名的购买者，我们还会赠运费险哦。亲，赶快下手吧！

买　　家：好，那我现在就拍。

客服小张：感谢亲的支持，我们将一如既往地为您提供高质量的靴子！

【情景分析】

　　卖家除了依靠优惠来打动买家之外，还可以依靠出色的服务来吸引买家。机会压迫也可以与特定服务相结合，依靠这种方式促使买家下单。客服小张就是巧妙地运用了这一技巧，他在与买家沟通时，告诉买家前十名的购买者可以享受指定快递、包邮、赠运险费的特定服务。这种特定服务对于一些尚有疑虑的买家来说是有一定吸引力的，能够促使买家尽快下单。所以，淘宝客服人员要懂得在适当的时机告诉买家有限的特定服务，依靠这种有限的特定服务来说服买家。

【技巧展示】

技巧一：声明"指定快递服务有限"

　　指定快递是指卖家将日常合作的快递公司开放出来供买家下单时选择，然后通过买家选择的快递公司进行发货的物流服务。客服人员要告诉买家这种服务是限定人数的，先到先得，从而对买家形成较大的诱惑力。

技巧二：声明"包邮服务有限"

　　产品是否包邮，在一定程度上决定了买家是否下单。有些产品包邮，有些产品不包邮。对于不包邮的产品，客服人员可以告诉买家包邮服务是有限的，前多少名的买家可以享受包邮服务。

技巧三：声明"赠淘宝运费险有限"

　　淘宝运费险是指当网络购物行为发生后，在保险期间内，因产品实物与网上展示不符或投保人与保险人协商一致的其他理由，买方或收货方在买卖双方约定的退货期间内退货，且卖方允许买方或收货方退货并承诺返还货款，保险人按照保险单约定的退货运费进行赔偿。客服人员在与买家沟通时，可以告诉买家前多少名可以"赠淘宝运费险"，以此吸引买家立刻下单。

情景 053 声明"价格优惠有限"

【情景再现】

买　家：据说……（冰箱页面链接）的质量不错！

客服茹茹：亲，宝贝质量是有保证的哦！👍三门性价之星，行业销量冠军，一级能耗，2天1度电。这款产品还支持分期付款哦，0首付即可入手；而且免费入户，乡镇村也可配送。

买　家：真是一款性价比好的宝贝，只是价格方面有点儿小贵啊！🌑

客服茹茹：亲，现在这款冰箱正在打折哦！今天前五名的客户可以享受九折优惠，已经成交了三个，亲要抓紧拍单哦。

买　家：是吗？我马上拍单。

【情景分析】

打折促销对买家有很大的诱惑力，特别是限定名额的打折，买家会因为急于得到那些仅有的打折名额而下单。这就告诉淘宝客服人员，要在与买家沟通时让他们知道价格优惠是有限的，以此来促使他们下单。客服茹茹在买家说出冰箱有点儿贵时，就认识到买家对是否下单存在疑虑。为了消除买家内心的疑虑，她及时告知买家这款产品正在打折，并且还有仅剩的两个名额。这就让买家产生怕失去机会的心理，从而决定立刻拍单。所以，淘宝客服人员要懂得利用"价格优惠有限"的方式，来为买家制造机会压迫。

【技巧展示】

技巧一：灵活机动

　　客服人员在利用这种机会压迫的方式说服买家时，要掌握灵活机动的原则。很多时候，店铺是否打折是在产品宣传页面显示出来的，这主要出现在产品促销活动中。但有些时候，店铺并没有打出这种价格促销的宣传。这时候就需要客服人员灵活机动，在买家对产品价格表现出怀疑并很难成交时，及时告诉买家产品有打折优惠，而且优惠是有限的。

技巧二：善于利用数字进行强调

　　要想让这种机会压迫方法取得良好的效果，客服人员还要精于用数字进行强调，告诉买家有多少人可以享受优惠，还有多少名额可以享受这种优惠。在多少人可以享受优惠方面，数字不能太多，也不能太少，以5~10名为最佳。剩余的名额要起到形成压力的作用，客服人员可以告诉买家仅剩两名，或者仅有一名。

第三节　让买家选择

情景 054　需要哪种颜色

【情景再现】

买　　家：这款毛呢大衣很好看……（毛衣页面链接）。

客服毛毛：美女，您太有眼光了！ 这是今年的新款羊绒大衣，九分袖设计，立体裁剪，保暖的同时还能尽显婀娜身姿。在这个冬天，不但给您贴心的温暖，更能让您雍容华贵。

买　家：确实如你所说，只是价格有点儿小贵！😃

客服毛毛：咱家的宝贝绝对对得起这个价格，亲请放心购买。这款羊绒大衣有粉色与红色两款，粉色可以较好衬托肤色，红色能显出激情。两种颜色，亲要选择哪一个？

买　家：粉色的不错，我皮肤较白，想要一款能够衬托肤色的。😊

客服毛毛：亲，您确实很有眼光，很多美眉都会选这一款。感谢您对小店的支持，我们会在第一时间为您发货，再次感谢您的光临！

【情景分析】

"二选一"成交法是很多销售人员都会采取的方法。在促成交易阶段，使用这种方法达成交易的概率非常大，淘宝客服人员也要善于运用这种方法。从表面上看，这种方法的主动权在买家手上，但事实上恰恰相反。客服人员一直掌握着主动权，使买家回避"要不要购买"的问题，而没有拒绝的机会。买家只是在有限的范围内进行选择，最后达成交易。淘宝客服人员在具体运用这种方法时，可以从颜色方面让买家二选一。客服毛毛在与买家沟通时，建议买家选择红色还是粉色，堵住了买家拒绝购买的退路，最终促使买家下单。

【技巧展示】

技巧一：描述出颜色带给买家的好处

客服人员在告诉买家要选择哪种颜色之前，首先要告诉买家每种颜色能给买家带来的好处。而要想把这种好处说到位，关键是要明白不同颜色所代表的含义。例如，红色代表热情、奔放，黑色代表严肃、稳重，白色代表纯洁、简单，蓝色代表智慧、清爽，绿色代表生命、生机，紫色代表神秘、浪漫。客服人员要把这些颜色所代表的含义融入到产品中去，告诉买家选择哪种产品能有哪种好处，从而促成交易。

技巧二：语气要婉转温和

客服人员在告诉买家要选择哪种颜色时，要注意自己的语气。语气要尽量温和婉转，这样就能避免买家产生紧张心理，让买家感觉轻松、愉快。只有这样，才能成功实现交易。

情景 055 喜欢哪种型号

【情景再现】

买　家：你家卖的电压力锅看起来功能很强大啊！👍

客服楠楠：是啊，咱家店卖的都是大品牌，质量上有保证。要不我先给您介绍两款？

买　家：好的。

客服楠楠：首先是美的×××智能电压力锅。这款电压力锅是一锅配双胆，一锅煮饭，一锅煲汤，双胆随用不串味，并且支持 24 小时智能预约；9 种烹饪菜单，支持本色蒸、沁香焖、源味炖三大功能。另外一款是苏泊尔×××电压力锅。这款电压力锅有纳米级不粘内胆，不但传热均匀、储热高，而且易清洗；机身是拉丝不锈钢的，硬朗贵气，也支持 24 小时智能预约。

买　家：两款的价格一样吗？🍎

客服楠楠：是的亲，都是 299 元。亲要美的的，还是苏泊尔的？

买　家：美的的那款不错，美的的吧。

客服楠楠：您真是有眼光，美的的这款电压力锅销量一直很好哦！

【情景分析】

让买家"二选一"能够起到良好的说服效果。让买家在两款型号中选择一款，也是一种"二选一"的重要方式。客服楠楠就是通过这种方式说服买家下单的。她在与买家沟通时，先是向买家介绍了两款不同型号的电压力锅，然后让买家在两款压力锅中进行选择。这就堵住了买家拒绝的退路，让买家不得不下单。所以，淘宝客服人员要掌握这种促使买家下单的方式，在与买家沟通时让买家在不同型号的产品中作选择。

【技巧展示】

技巧一：介绍同品牌的两种型号

很多店铺销售的产品都是同一种品牌，这时客服人员要做的是在同品牌产品中拿出两款让买家选择。例如，同一品牌衣服中的两款，同一品牌鞋子中的两款，同一化妆品品牌中的两款，等等。选择两款型号不同的产品进行介绍，客服人员要把各自的优点尽量描述出来，以方便买家选择，从而促成交易。

技巧二：介绍两种不同品牌的产品

对于一些经营品类比较多的店铺，客服人员可以采用介绍两款不同品牌产品的方式来践行"二选一"的成交技巧。例如经营电冰箱，客服人员可以介绍两种品牌的电冰箱，便于买家进行比较和选择，从而决定下单。

情景 056　一件还是两件

【情景再现】

买　　家：你家儿童玩具都是益智的吗？

客服潭潭：是的，亲，咱家店里的玩具都是益智的。

买　　家：我儿子八个月了，有没有适合他玩的玩具，麻烦给介绍一款？

客服潭潭：您一定很爱您的儿子，我给您介绍一款本店销量最好的玩具。这款玩具的名称叫乖乖小鸭，是一款最热销的 6 到 18 个月婴幼儿早教益智玩具。有趣的乖乖小鸭会引逗宝宝,不但可以丰富宝宝大小脑之间的联系,还可以增进身体运动的协调性。而且,最具特色的是这款宝贝还可以下蛋,能够让孩子玩得愉快开心。

买　　家:确实是一款有趣的玩具。

客服潭潭:是啊,相信它能给您的宝宝带来快乐,同时也能对您宝宝智力的开发起到很大的推动作用。亲,您要拍一个还是两个呢?

买　　家:先拍一款看看效果吧。

客服潭潭:感谢您对自己小店的支持,祝您的小宝宝健康成长,也祝您事事顺心!

【情景分析】

在数量上让买家作出选择,也是"二选一"成交法的一种形式。客服人员在与买家沟通时,要善于从购买数量上影响买家的决策,引导买家最少拍下一件产品。客服潭潭在接到买家介绍玩具的要求时,先是介绍了一款有趣的产品以吸引买家的兴趣,然后问买家是选择一件还是两件。这就是引导买家跳过了对是否拍单的考虑,直接决定购买的数量,最终成功让买家拍了一件。

【技巧展示】

技巧一:先说出优点

客服人员要想利用这种"二选一"方式取得良好的效果,就要让自己的产品具有足够的吸引力。否则,即使说"选一件还是两件",也很难让买家作出决定。所以,先说出产品的优点,才能真正起到说服的作用。而且,客服人员要在尊重事实的基础上,用合适的语言让这种优点更具吸引力。

技巧二:不能急于求成

要想让这种方法获得好的效果,客服人员还要把握一个原则:不能急于求成。很多客服人员都会犯急于求成的错误,沟通刚刚开始就急于问买家要拍一件还是两件。这种急于求成的态度会让买家产生反感，甚至会让买家弃单。所以，客服人员要做到循序渐进，当诱惑力足够强大时再问买家是选一件还是两件。

情景 057 周末还是工作日配送

【情景再现】

买 家：……（电视产品页面链接）这款电视真是 4K 的吗？

客服小静：如假包换，亲！这款电视是真 4K，3 840×2 160 极清分辨率，酷开智能系统，极速 8 核处理器，拥有内置蓝牙，同时还有海量影视资源。

买 家：我之前也做过了解，确实是这样。不过，将近 5 000 元的价格确实有点儿……嘿嘿！ 😄

客服小静：价格方面，咱们小店保证全网最低，亲尽可放心。顺便问一下，您希望哪个时间点送货，周末还是工作日配送？咱家这款电视可以送货上门哦！ 🙂

买 家：我一般周日时间比较充裕。

客服小静：好的亲，只要您现在拍单，我们保证周日送货上门，并且免费为您安装。

买 家：哦哦，我拍一台。

【情景分析】

不同的买家，希望货物送到的时间也是不同的。有的买家希望在工作日送货，有的买家则喜欢在周末配送。"让买家选择"，客服人员可以以此作为切入点，问买家是要"周末送货"，还是"工作日送货"。如此就能让买家把注意力集中于在哪个时间段上送货，而不是拒绝成交。客服小静在与买家沟通的过程中，当买家因为价格而出现犹豫时，就是运用询问"周末配送还是工作日配送"的方式来促使买家下单。因此，在利用"让买家选择"的方法促成交易时，客服人员要善于以配送时间作为切入点。

【技巧展示】

技巧一：在买家表现出拒绝态度时使用

买家在购买产品时会因为产品自身的原因，或者沟通的原因而对下单表现出拒绝的态度。这种拒绝态度的出现是有一定迹象的。例如，买家说"价格贵""不包邮""要考虑"之类的话时，就代表买家很有可能会走掉。这时候，客服人员要及时询问买家喜欢哪个时间点配送，以促进买家下单。

技巧二：作出承诺

当买家说出自己希望在哪个时间点配送时，客服人员要趁热打铁，告诉买家只要拍单就一定在他们规定的时间内配送。这种承诺的方式能让买家看到客服人员的诚意，他们也常常会因为这一个承诺而下单。但是，客服人员必须记住，承诺要在自己能做到的范围内作出，否则很可能引来买家的差评。

情景 058 网上支付还是现金支付

【情景再现】

买　家：不知道这款联想一体机怎么样……（电脑页面链接）。

客服笑笑：亲，这是联想最畅销的一体机电脑。全新第四代 I3-4030U 处理器，双核心四线程，性能更强。另外，它还配备了 4G 内存、1T 硬盘、2G 独显、23 寸高清屏，绝对能赢得亲的青睐！☺

买　家：配置也不错，价钱也算合理。

客服笑笑：亲购物喜欢网上支付，还是用现金？

买　　家：现金支付。

客服笑笑：现金支付好，保险，一看您就是一个谨慎的人。👍我们这款产品也
支持现金消费。亲，要不要拍一单？

买　　家：好，来一台。

【情景分析】

淘宝最常规的支付方式是网银支付、支付宝支付与现金支付，不过现金支付只
有杭州、上海、北京、深圳、东莞、广州的买家才可以使用。买家输入手机号码，
这次交易的交易号和所要支付的金额就会被发送到买家的手机上，买家点击"查找
最近的网点"，然后到网点用现金付款。如果客服人员发现是这些地区的买家，可
以用让对方选择付款方式的方法来促使其下单。客服笑笑就是这样做的，她在与买家
沟通时通过询问买家是"网上支付还是现金支付"来让买家作出选择，从而促使买
家下单。所以，客服人员要善于利用这种方式来与买家沟通，并积极让买家作出选择。

【技巧展示】

技巧一：探知买家对支付方式的喜好

不同的买家对支付方式有不同的喜好，有的买家喜欢网上支付，有的买家则对
这种支付方式的安全性存在怀疑。客服人员要通过与买家沟通来探知买家对支付方
式的喜好，在得知买家的支付喜好之后积极询问买家要选择哪种支付方式。如此就
能转移买家的注意力，顺水推舟地促使卖家下单。

技巧二：作出的承诺要能够兑现

淘宝开店，并不是所有的地方都支持现金支付。如果买家所在的地区不支持现金
支付，客服人员就不要轻易作出承诺。否则，即使能够让买家成功下单，后续也会给
自己带来麻烦。所以，客服人员对于这种促进成交的方式要谨慎使用，不能单纯为了
促进成交而对买家作出不切实际的承诺。

第四节　利用从众心理

059 告知全国销量领先

【情景再现】

情景一：

买　　家：第一次上网买东西，不知道这款润肤露怎么样？😊

客服小燕：欢迎淘宝新买家！亲，敬请放心，我家这款化妆品不管是在实体店，还是在淘宝网店，销量都遥遥领先，在产品介绍页面有这方面的介绍。🙂

买　　家：哦，看起来是一款不错的润肤露，我想拍一款。

情景二：

客服小钱：亲，您太有眼光了！👍您看中的澳柯玛冰柜已经连续十六年保持冷柜销量全国领先的纪录。同时，澳柯玛冰柜还荣获了"2011 年度全国市场冷柜产品综合实力之冠""2011 年度消费者信赖品牌"的殊荣。相信，这款澳柯玛冰柜将会给您带来惊喜！

买　　家：这么强？看来我是选对了，呵呵！😄

客服小钱：亲要抓紧下单哦，现在拍还能享受九五折优惠。

买　　家：嗯嗯，我马上下单。

【情景分析】

　　人都有从众心理，特别是消费者。从众心理是指个体在社会群体的无形压力下，不知不觉或不由自主地与多数人保持一致的社会心理现象，通俗地说就是"随大流"。

从众的典型表现是当我们看到许多人围住一个摊位或排起长队抢购某种产品时，尽管我们并不一定真正了解该产品的优点或自己是否需要，却仍会身不由己地加入到购买者的行列中去；我们选择产品时，会选择大家都买的产品。淘宝客服人员要善于抓住买家的这种心理，来说服买家拍单。而这种技巧的典型做法之一，就是告诉买家这款产品的销量全国领先。"全国销量领先"是一记重磅炸弹，能击溃买家的抵御心理。客服小燕与小钱在与买家沟通时，都是运用了这种说服技巧，成功地促使买家拍了单。

【技巧展示】

技巧一：尽可能地把时间扩大化

客服人员告诉买家产品在当年的全国销量领先，要尽量把时间扩大化。例如，产品在一整年的全国销量领先，客服人员就不要说一季度或者两季度的销量全国领先；如果是N年蝉联全国销量领先，就不要说当年全国销量领先。因为把时间扩大化，更具有说服力，更能发挥利用从众心理进行说服的能量。

技巧二：尽可能地具体化

客服人员要想通过这种说服的方法促使买家下单，就要在告诉买家"产品销量全国领先"时做到具体化。也就是需要一句话来说明，就像那句经典的广告词：香飘飘奶茶，全国销量领先，每年卖出三亿杯，杯子连起来可绕地球两圈。客服人员在向买家说明自己的产品销量时也要这么做，即说出全国销量领先的同时，还要说出卖了多少件，以便买家对产品销量有更直观的了解。

情景 060 渲染销量火爆

【情景再现】

情景一：

客服婷婷：亲，您要不要拍下这款浴霸？这可是小店销售最火爆的一款哦！仅仅

"双十一"当天就有 5 000 个买家拍单，从中可以看出咱家浴霸的质量。

买　家：果然是这样，这么多人买，质量肯定不错，我也买一个。

客服婷婷：亲，放心拍吧，这款产品支持七天无理由退换哦！

情景二：

客服玲玲：先生您一定是个有超前意识的人，喜欢尝试新东西，我要是能和您

　　　　　一样就好了。👍

买　家：我只是喜欢尝试新产品，特别是科技含量高的。😄

客服玲玲：我们家这款产品，您肯定喜欢。它是一款全新的手机信号放大器，

　　　　　有了它，您不需要再担心信号差的问题。这款产品一上线，就销量

　　　　　火爆，一周的总销量已过千，并且好评如潮！

买　家：那咱也拍一款试试。

【情景分析】

　　一款产品的销量火爆，除了产品自身的质量好之外，还渗透着从众心理。众所周知，一款产品不论它的价格如何，只要可以得到人们的大力追捧，那就毫无疑问，这款产品必然能越卖越好。大家在淘宝上买东西时总是会优先考虑销量最多的那一款，这就是从众心理的一种表现。淘宝客服人员要善于利用买家的这种心理特点，告诉他们，产品的销量火爆。客服婷婷与玲玲在与买家沟通时，就是运用了"告诉买家产品销量火爆"的技巧，最终成功地促使买家拍单。这说明，淘宝客服人员要学会运用从众心理进行说服，来促使买家下单。

【技巧展示】

技巧一：用数字进行证明

　　数字是最有说服力的，最能让买家信服。淘宝客服人员在运用这种说服方式时，除了要告诉买家产品的销量火爆之外，还要用数字表现出火爆的程度，例如"多

长时间抢购一空""多少件产品在多短时间内售完""拍单量超过了多少"等。

技巧二：用表示程度的词进行强调

客服人员只有把火爆的程度说得激烈，才能更有说服力。此时就需要用表示程度的词语进行强调，如"异常""非常""很""超出想象""难以置信"等。用这些词语来强调说明产品销量火爆的程度，就更能击溃买家的心理防线，促使他们下单。

情景 061 强调同龄人都喜欢

【情景再现】

买　　家：你家这款包包挺潮的啊！……（包包页面链接）。

客服蓉蓉：是的，亲，我家这款包包就是专为潮人设计的。包包采用优质进口牛皮，十字纹设计，纹理清晰自然，金属质感时尚挂件，潮流感十足。精心底部柳钉，不但可以减少底部摩擦，而且更显潮流气质。☺

买　　家：确实如你所说，估计年轻人都喜欢。

客服蓉蓉：亲，不是估计哦，是肯定！这款包包同龄人都喜欢，都说它很潮，能彰显自己的个性，更显高端大气。过万的销量就是同龄人喜欢的见证哦，亲！快点儿下单吧，现在下单还包邮哦！😄

买　　家：既然大家都喜欢，我也拍一单。

【情景分析】

从众心理还有一个典型的表现，那就是按照同龄人的喜好办事。因为同龄人之间有共同的喜好，在消费观念上也有很多相似之处。所以，淘宝客服人员在与买家沟通时要善于利用这种说服技巧，向买家强调同龄人都喜欢。客服蓉蓉通过聊天得知买家是一位年轻的潮人，就用"同龄人都喜欢"的话来激起买家的购买欲望。事实证明这种方式是正确的，买家最终选择拍单。因此，客服淘宝人员要学习蓉蓉的这种说服技巧，用强调"同龄人都喜欢"的方式来促使买家下单。

【技巧展示】

技巧一：了解买家属于哪个年龄层

客服人员要想通过强调"同龄人都喜欢"的方式来促成交易，就要弄清楚买家属于哪个年龄层，否则就很容易闹出笑话，甚至招致买家的反感：而要弄清楚买家属于哪个年龄层，客服人员可以从两个方面入手。第一是看买家关注的产品。年轻人与年龄稍大的人所关注的产品是不一样的，客服人员通过买家关注的产品就可以大致推断买家属于哪个年龄层。第二是了解买家是为谁购买。如果买家是为自己购买，客服人员就可以确定买家是属于哪个年龄层的人。如果买家是为他人购买，客服人员则可以根据"他人"来判断买家属于哪个年龄层。例如，为孩子买东西的肯定是父母级人物。

技巧二：聊出同龄人的特质

客服人员要想激起同龄人的购物欲望，就要善于聊出同龄人的特质。例如，年轻人有个性，喜欢潮流性物品；父母级人物喜爱孩子，一切为孩子考虑；中年人沉稳、有气质；等等。客服人员可以通过这些特质寻找与买家的共同话题，并用"同龄人都喜欢"来激发买家下单的欲望。

情景 062 利用案例进行说服

【情景再现】

买　家：一直受脚气的困扰，用了好多药都不管用！😊这款神奇珊瑚癣净效果怎么样？

客服小乔：亲，这款药效果非常好哦！这是复方制剂，具有杀菌、止痒的作用。泡一次，脚癣、脚气一次净。☺

买　　家：有你说的那么神奇吗？🍚

客服小乔：亲，小乔从来不说假话哦！经常有用过药的买家反馈说效果很好，前天武汉的一位买家说用这款药泡了一次脚，经常复发的脚气就治好了。

买　　家：是吗？看来效果好算不错。要不我拍一款试试，效果好不好，用了再说。

客服小乔：亲尽可放心拍单，我们会在第一时间为您发货，期盼您能早日康复！♥

【情景分析】

　　通过案例进行说服，也是运用从众心理进行说服的一种重要手段。很多客服人员在与买家沟通时，常常会对产品的材质、设计、功能、用法展开详细介绍，如此苦口婆心地说了一番，但是成效却很有限。优秀的客服人员都会知道一点：个别具体化的事例和经验，比概括的论证和一般原则更有说服力。因此，客服人员要促使买家下单，就应酌情使用案例说服的方法。客服小乔就是通过介绍武汉一位买家的事例，告知买家自己店铺卖的药很有效果，从而让买家在心理上产生了要下单的想法。淘宝客服人员要学习和掌握这种说服技巧，以提高促使买家下单的成功率。

【技巧展示】

技巧一：案例要形象、具体

　　客服人员要想利用案例进行说服的方式促使买家下单，关键在于案例要真实可信。而案例要想真实可信，就要做到形象、具体。也就是说，案例中出现的人物要有具体地址，客服人员要告诉买家案例中出现的人物是哪个地方的人，有可能的话还要告诉买家案例中人物的姓名、年龄以及购买产品的时间。

技巧二：案例讲述要为促使买家下单服务

不管是运用哪种案例进行说服，客服人员都要明白案例是为促使买家下单服务的。所以，客服人员在讲述案例时，要强调产品给案例中的买家带来了哪方面的益处，同时，要把产品的效果、买家的评价告诉正在与之沟通的买家，以此来增强案例的真实可信性，最终促使买家下单。

第五章

拒绝让价的沟通技巧

第一节　直接拒绝

情景 063　公司规定不让价

【情景再现】

情景一：

买　　家： 小二，看你家这款真皮沙发不错，不过价格略高。近来囊中羞涩，可否便宜个三毛两毛的？😊

客服小虫： 客官一定是个幽默的人！很抱歉哟，公司规定这款沙发是不让价的，店小二也很想给客官优惠，只是身不由己啊，万望客官谅解！😊

买　　家： 哈哈，既然如此，那咱就拍了，不差那三毛两毛的！😄

客服小虫： 感谢客官赏脸，小虫感激不尽！

情景二：

买　　家： 这件衣服可以便宜点儿吗？我确实喜欢。

客服小江： 不行，公司规定不让价！

买　　家： 哦，那我去别家看看。

【情景分析】

不管是在现实生活中购物，还是在网上购物，讨价还价都会存在。它就像是一种习惯，已经很难与消费者分开。淘宝网上的产品虽然明码标价，但是仍有一些买家会讨价还价。面对买家的讨价还价，客服人员要做的就是既能拒绝买家的还价，又能让买家下单。客服小虫与小江在面对买家讨价还价时的沟通方式是不一样的，虽然同样都是说公司规定不让价，但小虫说服了买家下单，而小江却失败了。这说明依靠"公司规定不让价"的策略来拒绝买家的讨价还价，也是需要讲究技巧的。

【技巧展示】

技巧一：语气不能生硬

虽然把公司规定当作不让价的挡箭牌能够取得一定的效果，但并不是所有的买家都会买账。要想这种拒绝方式能起到作用，客服人员在说话时就不能语气生硬。生硬的语气会让买家心生不快，甚至会激怒买家。所以，客服人员要尽可能地保持语气柔和，让买家可以心甘情愿地接受。

技巧二：表现出自己是在为买家考虑

当买家提出让价的建议时，客服人员首先要表现出自己是在为买家考虑，例如说自己很想为其降价，但价格是公司规定的，自己也无可奈何。这种方式能够让买家感受到你是与他站在一起的，沟通也就能顺利进行下去，并能促使买家拍单。

情景 064 单件产品不让价

【情景再现】

买　家：这款洗面奶效果挺好，价格方面有点儿小贵，能不能便宜点儿？

客服小张：亲，很抱歉哦，咱家这款洗面奶是不让价的。

买　家：咱确实想买，你就给便宜点儿吧！不用多，便宜个三块五块的就成，嘿嘿！

客服小张：真的不行啊，亲！咱们单件产品是不让价的，您要拍它三个（包含三个）以上，咱家小店才可以给您打九五折。

买　家：三个以上？！谁能用得了那么多啊！一个九五折怎么样？

客服小张：咱家店小利薄，希望亲能体谅，确实很难给您便宜。

买　家：好好，不和你磨嘴皮子了，我拍一款。

客服小张：感谢亲对小店的支持，祝您工作顺心、万事如意！

【情景分析】

　　薄利多销的销售方式在网店同样适用，很多卖家会运用这种方式来销售产品，客服人员就可以把这种销售策略拿来当作拒绝买家讨价还价的一种手段。当买家讨价还价时，客服人员可以告诉他单件产品是不让价的，购买两个或者三个以上才能让价。买家不会为了便宜几块钱而选择多买一件产品，这就自然而然地拒绝了其让价的要求。客服小张就是在面对买家讨价还价时，告诉买家单件产品不让价，并且告诉买家三件以上才打折。买家经过权衡之后，最终选择原价拍单。所以，在面对买家的讨价还价时，淘宝客服人员要善于利用"单件产品不让价"的方式来巧妙拒绝买家。

【技巧展示】

技巧一：拒绝要循序渐进地进行

　　当买家提出让价的要求时，客服人员不能立刻拒绝，而是要循序渐进地进行。没有人喜欢在刚一提出要求时就立刻遭到拒绝，在网上购物的买家同样也有这样的心理。客服人员在与买家沟通时，不能直接说不让价，而是要先道歉，让买家原谅，然后再告诉买家不让价。如果买家还要求让价，此时客服人员可以说单件产品不让价，需要多买几个才让价，如此就能收到委婉拒绝的效果。

技巧二：沟通中数字要具体

客服人员在与买家沟通的过程中，要做到数字具体。也就是在说出单件产品不让价的原则之后，还要说出具体购买几件产品才能让价。这个"几件"不能含糊，要是具体的数字，如3件以上，包含3件。让价的幅度也要具体，要具体到几折。做到数字具体的好处是，让买家在接收到信息后感觉真实可信，同时也可以让他们看出客服人员不让价的决心。

情景 065 买家平等不让价

【情景再现】

买　　家：你家这款衣服打不打折？如果打折的话，我就拍一件。

客服艳艳：对不起，亲！这款衣服不打折，只有在促销的时候才有相应的折扣，请您理解。

买　　家：你就给我打个折吧，多卖一件是一件，薄利多销嘛！

客服艳艳：亲呐，真的不行啊！小店对待每一位买家都是平等的,价格都是相同的。给您打折了，是不是对其他买家来说不太公平，您说呢？虽然我们在价格上不会让步，但我们可以保证产品的质量。亲，您要拍单吗？

买　　家：你说得有道理，看来你是个很有心的客服，拍一件吧！

客服艳艳：多谢您的夸奖，也感谢您对小店的支持，我们会在第一时间给您发货。

【情景分析】

拒绝买家的讨价还价，还可以从买家自身入手来说服买家。客服人员可以说为了保证公平，本店产品的价格对任何买家都是一样的。这个理由具有充分的说服力，能够轻松应对买家的讨价还价。客服艳艳就是在买家提出打折要求时向其说明，卖家的产品价格对所有买家都是一样的，为了保证公平而不能打折。同时，她还向买家承诺保证产品的质量，最终成功拒绝了买家的打折要求并让其拍单。因此，客服人员要懂得掌握这种拒绝买家讨价还价的方式，以便于成功促使买家下单。

【技巧展示】

技巧一：动之以情

要想在运用这种方式拒绝买家时能取得预期的效果，客服人员就要动之以情，告诉买家自己要维护广大买家购物时的公平性，让其意识到自己针对所有买家的价格是一样的。但在运用这种方式时，客服人员要切忌态度强硬、冷漠，否则就很难取得应有的效果。

技巧二：正确运用反问

反问在很多时候是最出色的说服方式，在此处运用反问就能起到这样的效果。客服人员要懂得正确使用反问，让买家意识到自己的打折要求是不合理的，对其他买家是不公平的。具体的反问方式可以是"打折对其他买家是不公平的，您说呢？""打折对其他买家是不公平的，您认为呢？"或者"打折对其他买家是不公平的，难道不是吗？"

情景 066 物超所值不让价

【情景再现】

买　　家：这双鞋子……（鞋子页面链接）看起来挺潮啊！ 😄

客服蒙蒙：亲真是好眼光，这是咱家小店卖得最好的一款鞋子！亲，可以拍单哟！ 😊

买　　家：我也想拍，但 300 元的价格有点儿小贵，能不能打个折？

客服蒙蒙：亲，不好意思啊，小店的这款鞋子不打折。这是一款物超所值的鞋子：头层牛皮制作，极致柔软；意大利大师设计，国际范儿的款式，引领当下潮流；手工走线清晰可见，更显高端大气；纯橡胶鞋底，耐磨性出色。亲，这个品牌的鞋子在实体店要 350 元哦。如此物超所值，亲还不心动手痒吗？嘿嘿！😊

买　　家：你描述的确实不错，我在实体店看到过这款鞋子，的确需要 350 元，我决定拍一个。

客服蒙蒙：谢谢您对小店的支持，蒙蒙在此谢过！

【情景分析】

　　应对买家的讨价还价，最有效的拒绝方式之一是告诉买家产品物超所值。很多消费者在购物时都会考虑性价比，性价比越高的产品就越受消费者欢迎。喜欢在淘宝上购物的买家同样如此，他们也会把性价比当作自己是否决定拍单的一大依据。当感觉到性价比不高时，他们就会选择不拍单，或者与客服人员讨价还价。客服人员应对的技巧就是告诉买家这种产品物超所值，并描述出产品是如何如何好，以吸引买家，让买家放弃讨价还价的要求。客服蒙蒙就是通过对产品进行描述，表现出产品是物超所值的，是不需要讨价还价的，最终促成了交易。

【技巧展示】

技巧一：描述出产品的物超所值之处

　　要想让买家感受到产品是物超所值的，就要描述出产品物超所值的地方。客服人员可以从设计、材质、颜色等多个方面进行全方位的描述，让买家相信自己介绍的产品是一款出色的产品，而且是一款物超所值的产品。

技巧二：说出产品价格与实体店价格的区别

由于网店不需要像实体店那么多的费用成本，所以其产品在价格上会比实体店的便宜。客服人员要善于强调这种便宜，并且告诉买家实体店的价格是多少。这样，买家就会对两个价格进行比较，从而产生物超所值的想法，进而放弃讨价还价。

情景 067 增加附加值不让价

【情景再现】

情景一：

买　家：你家这款电压力锅……（电压力锅页面链接）能便宜点儿吗？

客服小超：亲，这款压力锅是不讲价的。我们店产品的定价都是统一的，除非在促销时会有价格上的优惠。不过，我们可以赠送给您一把勺子、一个蒸架。这些单独购买的话，需要几十块钱哦！

买　家：不错，我正缺一个蒸架呢！

情景二：

买　家：这款鞋子……（鞋子页面链接）可以便宜点儿吗？

客服大龙：亲，咱们家这款鞋子是不讲价的，请亲理解。不过，您今天拍单的话，我们可以免费送您一个鞋拔、两双袜子，这个优惠也是很大的哟！亲，赶快下单吧。

买　家：鞋拔我喜欢，这个赠品不错。

【情景分析】

对于一些喜欢讨价还价的买家来说，任凭客服人员把不让价的理由陈述得无比充分，他们也很难感到满意。此时，客服人员就可以通过增加产品附加值的方式来应对买家的讨价还价。所谓增加产品的附加值，就是指给买家提供与产品有关的赠品。客服小超与大龙就是在买家讨价还价时，先拒绝买家的让价要求，然后承诺可以送给买家一些赠品。这种做法分散了买家的注意力，最终促使交易达成。我们从中不难发现，这种拒绝买家讨价还价的方式具有很重要的作用。

【技巧展示】

技巧一：不让价时求理解

买家在购物时，往往会直接询问产品是否可以便宜。这时，客服人员可以直接告诉买家，产品是不讲价的。但更重要的是，客服人员要懂得说一些比较客气的话，以积极争取买家的理解，如"希望您能理解""请亲理解"等。如此就能给买家带来好感，为接下来的说服工作做好铺垫。

技巧二：承诺赠送与产品相关的赠品

拒绝讨价还价会给买家带来不愉快，客服人员要善于抹平买家的这种不愉快，具体方式可以是承诺赠送买家一些相关的赠品。这种方式是在无形地增加产品的附加值，买家经过对比就可以感受到其诱惑力，最终接受客服人员的建议，不让价也乐意拍单。

第二节 间接拒绝

情景 068 间接表明价格合理

【情景再现】

买　家：你家这款内衣……（内衣页面链接）好像比想象中的要贵，可不可以便宜点儿？

客服彤彤：亲，我们暂且不论是不是能便宜，我只想告诉您这个品牌的内衣都是从国外直接进货，运费、人工费，再加上其他的费用，您自己可以算一算。不瞒您说，这个品牌的产品留给我们自己的利润是非常少的。亲，您可以想想我们的价格是否合理？☺

买　家：看来你说的有道理，我会考虑入手一件。

客服彤彤：谢谢亲的理解，祝您购物愉快！

【情景分析】

客服人员拒绝买家讨价还价，除了直接拒绝的方式之外，还可以采取间接拒绝的方式。间接拒绝所能取得的效果，甚至比直接拒绝的效果还要好。而间接拒绝的方式之一是间接表明产品价格的合理性。其具体做法是不以价格本身为出发点，而是从与产品相关的费用出发，把相关费用都告诉买家，让买家自己考虑产品的价格是否合理。客服彤彤就是在买家提出降价的要求时没有直接说不降价，也没有直接强调产品价格是合理的，而是从产品的费用成本出发，让买家自己感受到价格其实并不贵，而且非常合理。所以，客服人员在听到买家表示产品价格太贵并要求降价时，没有必要直接强调产品的价格合理，而是要从产品本身说起，让买家自己认识到产品的价格是合理的。

【技巧展示】

技巧一：从产品本身来证明价格合理

当买家对产品的价格表现出盾疑时，客服人员可以从产品本身出发，间接证明价格的合理性。例如，可以告诉买家这是一款质量很高的产品，设计风格多么有特色，材质多么名贵，科技多么高超等。得知这些信息，买家就能对产品产生感性认识，对产品的价格是否合理有个初步的判断。

技巧二：以与产品相关的费用证明价格合理

如果仅仅从产品本身出发不能很好地证明产品价格的合理性，那么就要从与产品相关的费用出发，证明产品价格是合理的。如果有可能的话，客服人员可以给买家算一笔账，包括与产品相关的运费、人工费以及其他一切相关的费用。尽量让买家对产品成本有更深入的了解，无疑能消除买家对价格不合理的怀疑。不过，如果这些是不可泄露的商业机密，客服人员还可以运用模糊透露的方式，只说费用高，而不透露具体的数字。

情景 069 声明要请示老板

【情景再现】

买　家：这款马丁靴……（马丁靴页面链接）怎么样？

客服洋洋：亲，很棒哟！这款马丁靴短筒、圆头、平跟、铆钉制作工艺，既保暖又时尚，是一款为青年人专门打造的休闲靴子。☺

买　家：靴子是不错，价格也不错，嘿嘿，能便宜点儿吗？给我打个九折怎么样？☺

客服洋洋：亲，我只是客服人员，产品价格是我们老板定的，能不能便宜由我们老板说了算。我也很想给您打折，但是无能为力，除非我请示老板。但老板未必能给您打九折，如此肯定会浪费您的时间，毕竟时间就是金钱。您说呢？亲！☺

买　家：你说得很有道理。

【情景分析】

把矛盾从自己身上移开，也是间接拒绝买家讨价还价的重要方式之一。例如，如果客服人员能够把矛盾引到老板身上，就可以轻松拒绝买家的讨价还价，又不会让买家不高兴。客服洋洋就是在面对买家讨价还价时告诉买家，价格是老板定的，自己无能为力，并告诉买家除非请示老板，但请示老板也未必能够得到打折的优惠，这样就会浪费买家的时间。买家经过甄别对比，最终认同了洋洋的意见，不再纠结于价格问题。

【技巧展示】

技巧一：表现出自己的无奈

面对买家的讨价还价，客服人员要能够最大限度地表现出自己的无奈，让买家感受到自己也想为他们打折让价，但是自己却做不到。而要达到这样的效果，客服人员就可以告诉买家，价格是老板定的，自己在打折上确实无能为力，要想打折让价就要请示老板。这样做，能让买家感受到客服人员是与买家站在一起的，是为他们考虑的，沟通也就能够顺利进行下去。

技巧二：说出对买家的坏处

要想通过"声明要请示老板"的方式来取得良好的拒绝效果，客服人员还要说出请示老板给买家带来的坏处。例如，客服人员可以向买家表示，虽然自己可以请示老板，但请示老板也不会得到打折让价的优惠，并且还会浪费买家的时间。很多买家在考虑客服人员的话后，就不会再继续纠结于一点点的打折优惠，这样间接拒绝也达到了客服人员所希望的效果。

情景 070 证明自己很"苦"

【情景再现】

买　　家：这款护理液……（护理液页面链接）可以便宜点儿吗？😊

客服六六：抱歉，美女姐姐，这个价格已经是公司授予我们的价格底线了，希望您能接受。🙂

买　　家：你就给便宜一点儿吧，我是苦逼的上班族，挣点儿钱不容易啊！😮

客服六六：咱们都是上班族，您说的我感同身受。我们也很苦啊，每天要工作十几个小时，起早贪黑的，还要不停地上货、盘货，每天都累得要死。现在做淘宝竞争大啊，利润还少。如果每个买家都来给我们压价，小店是很难生存下去的。小店要继续生存下去，必须要有合理的利润，请美女姐姐谅解！😞

买　　家：是啊，同是天涯打工人！好吧，我去拍单。

客服六六：感谢美女姐姐的理解和支持，欢迎再次光临小店！

【情景分析】

人人都有同情心，只要激起对方的同情心，就能让对方按照自己的意愿做事。淘宝客服人员要想让买家心甘情愿地接受既定价格，理解自己为什么拒绝让价，就要激起买家的同情心，让买家自愿放弃讨价还价并去拍单。客服六六在面对买家讨价还价时，采取的战术是诉说自己工作很苦，做淘宝竞争大、利润空间小、生存压力大。一连串的"叫苦"激起了买家的同情心，并让买家最终放弃了讨价还价。因此，淘宝客服人员要掌握激起买家"同情心"的方式，让买家自愿放弃讨价还价。

【技巧展示】

技巧一：动之以情，晓之以理

针对讨价还价的买家，客服人员要懂得表现自己的"苦"，动之以情，晓之以理，以唤起买家的同情心。利用这种方式拒绝买家的讨价还价，客服人员可以从工作辛苦、利润低、竞争压力大等方面出发，全方位展现自己的"苦"，从而更好地赢取买家的同情心。

技巧二：表现出比买家更"苦"

喜欢网购的人大多是上班族，他们面临着巨大的生活压力。一些上班族在网购时会选择讨价还价，并把自己挣钱不容易当作讨价还价的理由。客服人员在面对这类买家时，可以表现得比他们更"苦"，让他们知道你是比他们还"苦"的一类人。这样才能激起他们的同情心，才能让他们心甘情愿地放弃讨价还价。

情景 071 告知不议价有礼品

【情景再现】

买　家：这款包包……（包包页面链接）很漂亮，我非常喜欢，能便宜点儿吗？

客服小凡：亲，这款包包是咱家店里最畅销的一款哦，现在是不让价的，希望亲能理解！

买　家：我是真的喜欢，你就给打个折吧。

客服小凡：真的抱歉啊，亲！咱家这款包包本身价格就不高，并且是物超所值的。虽然不让价，但亲要是拍的话，我们可以送给亲一份精美的礼品。☺

买　家：什么样的礼品？

客服小凡：精美的挂历，精致的相框，二者都非常精美哦，不过只能选其一。

买　家：我都想要，嘿嘿！☺

客服小凡：服了！今天作主，全送给你了，吐血！🍎

买　家：😄

【情景分析】

买家在购物时都有占便宜的心理，除了在价格敲定后获得产品之外，还想获得一些产品以外的东西，而精美礼品常常是他们的首选。淘宝客服人员要充分利用买家的这种心理，在遇到讨价还价的买家时告诉买家产品不议价，但可以赠送精美的礼品。客服小凡就是在与买家沟通的过程中告诉买家，产品物超所值，不议价。在买家一再要求让价的情况下，他才承诺拍单就送精美礼品。这对买家来说，具有很大的吸引力。最终，买家放弃了讨价还价而选择拍单，并获得了礼品。由此可见，这种赠送礼品的方式是可以有效拒绝买家讨价还价的又一种重要方式，客服人员要懂得熟练运用。

【技巧展示】

技巧一：把礼品描述得尽可能精美

只有礼品精美才能吸引买家，没有买家愿意为毫不起眼的礼品而放弃讨价还价。所以，客服人员要尽可能地把礼品描述得精美。如果有可能的话，客服人员还要把礼品的外观图片展示给买家。通过这种口述与图片相结合的描述方式，客服人员可以让买家对礼品产生幻想，最终放弃讨价还价而选择礼品。

技巧二：赠送礼品时表现出不情愿

要想让买家感觉到要礼品比讨价还价更划算，客服人员就要表现出对礼品赠送的不情愿。例如，客服人员可以告诉买家赠送的礼品如何精美，可以告诉他们礼品值多少钱，也可以告诉他们礼品是定制的、稀有的，并且表现出自己的不情愿，以让买家感觉是自己得到了更大的便宜。

第三节 不同还价场景的沟通

情景 072 便宜就一定再买

【情景再现】

情景一：

买 家：太贵了！这件宝贝真不能再便宜了？如果能给我便宜点儿，下次我还来买，我还可以建议我朋友来买。你就给我便宜点儿吧！

客服小春：非常感谢亲对小店的支持！不过，对于任何买家，我们都是这个价格。更何况，咱家小店的这款产品已经很优惠了哦，现在我们还有满 99 元立减 5 元的促销。所以，很抱歉亲，不能再便宜了。

买　　家：哦哦。

情景二：

买　　家：我挺喜欢这款产品的，只是有点儿贵，能不能给便宜点儿？如果能便宜，我下次购物还来你这儿。

客服球球：亲，这款产品的价格现在已经是最低了！如果您对价格不满意，我们这款产品还有一个优惠套餐，我把链接发给您，稍等。

买　　家：这个套餐看起来不错，我拍这个套餐。

【情景分析】

　　一些买家在讨价还价时会采取允诺的方式，例如允诺"一定拍单"，允诺"下次还会光临"。这类买家就是典型的允诺型买家，他们其实已经有了下单的欲望，只是想试探性地询问一下是否能够给予优惠。面对这类买家，客服人员要做的就是巧妙地拒绝，引导他们多购买产品。面对买家的讨价还价，客服小春告诉对方这是最实惠的价格，并且可以享受"满 99 元立减 5 元"的优惠；球球则在表示这是最低价格的同时，还给买家提供了一个可选择的优惠套餐，从而绕开了对方的讨价还价。因此，客服人员要能够巧妙应对允诺型买家的讨价还价，这样不但能够让他们接受价格，还能多卖产品。

【技巧展示】

技巧一：强调已经是最低价格

对于这类已经确定要下单的买家来说，即使客服人员直接拒绝他们讨价还价的要求，他们依然还会拍单。所以，客服人员可以直接强调现在的价格已经最低，也是最实惠的。

技巧二：引导买家多购买产品

当买家提出能否降价时，客服人员可以转移这个话题，不直接谈论产品的价格，而是引导对方多买些产品。具体方式可以是趁机介绍套餐或者店铺活动，这样既能应付买家的讨价还价，又可以让买家多拍单。

情景 073 其他店铺便宜

【情景再现】

买 家：你家这款鞋子真的不能再便宜了吗？

客服丽丽：亲，这是最低价哦，我们很难再让价了。

买 家：我比较了几家店，就你家的价格高，你就便宜点儿吧？

客服丽丽：亲，我不知道别家店这款鞋子的价格，对于其他店的这款鞋子是不是正品也没有做过调查，我只能保证我家这款鞋子是正品。现在淘宝上以次充好、以假乱真的现象普遍存在，亲一定要擦亮眼睛哦！宁可多花一点钱，也要买到正品，您说呢？

买 家：你说的有道理，看你家这款鞋子贵，我也感觉是正品。

客服丽丽：绝对正品，亲可以放心。另外，我们还有很完善的售后服务哦，可以帮您解决一切售后问题！

买 家：好，我拍一个。

【情景分析】

在习惯网购的买家中，有一类买家喜欢对比，他们在与客服人员沟通时会强调：谁谁谁家的这样东西都比你这个便宜，你便宜点吧？这类买家在购物时，已经作过了仔细的比较。但经过比较之后，他们还会更青睐"贵一点"的。这符合消费者的心理，因为面对同一个产品，他们往往会认为贵的就是正品、就是质量好的。也正是因为他们关注"贵的"，但又担心买贵了吃亏，所以才会跟客服人员讨价还价。客服丽丽遇到的就是这样一位买家。面对这样的买家，丽丽强调自家产品绝对是正品，并告诉买家出现价格差别的重要原因，从而坚定了买家下单的决心。由此可见，淘宝客服人员在面对这类买家时，要懂得通过取得对方信任的方式促使其下单。

【技巧展示】

技巧一：强调产品是正品

对比型买家之所以会钟情于贵的，还会讨价还价，就是因为他们认为贵的才是正品、质量才有保证。针对这种类型的买家，客服人员要做的就是增加他们的信任感，坚定其下单的决心。而要达到这样的效果，客服人员就要强调自家产品是正品，还要以"淘宝上以次充好、以假乱真的现象很多"来帮助买家认清现实，从而坚定他们拍单的决心。

技巧二：引导买家关注服务

如果强调产品是正品不能彻底坚定买家下单的决心，那么客服人员就要告诉买家价格不是唯一的决定因素，买家还应该关注自家的服务。而且，客服人员要向买家保证，自家服务是高质量且很完善的。

情景 074 不便宜就不拍了

【情景再现】

情景一：

客服青青：美女，这款香水不能再便宜了哦！

买　　家：就我说的价格啦，卖的话我现在就拍，不卖我就不拍了。

客服青青：亲，这样的价格也可以开得出来，我真是好佩服您哦！如果您一定要走，真是非常遗憾，我只能跟您说拜拜了！😠

买　　家：说话好难听啊，拜拜就拜拜，淘宝店又不只你一家！😐

情景二：

买　　家：真的不能再便宜了吗？

客服柔柔：亲，很抱歉，很难再便宜了。🙂

买　　家：便宜点儿我就拍，不便宜的话我就去别家了！😊

客服柔柔：亲，您说的这个价格，我们无法接受啊，邮费我都挣不了！不如这样，您拍单，我送您一份礼物吧。本来是满99元才送的，今天我作主送给您了，还请您多为小店做宣传。

买　　家：好，我拍了。

【情景分析】

　　扬言"不便宜就不拍"的买家是典型的威逼利诱型买家，客服人员在遇到这样的买家时不要慌。这类买家中的大部分人，并不是真的想走，而是不想买贵了吃亏。在面对这类买家时，客服青青没有做到冷静应对，而是冷嘲热讽，以致激怒了买家；而柔柔的处理方式则是非常正确的，她始终都在主导着买家的思维，并通过送礼物的方式守住了价格底线。由此可见，客服人员在应对这类威逼利诱型买家时要保持足够的冷静，坚持自己的价格，而不要被对方牵着走。

【技巧展示】

技巧一：价格相差小，承诺送礼品

　　买家在砍价时幅度是不一样的，一些买家砍价的幅度不大，在卖家可以接受的范围内。面对这种状况，客服人员可以在坚持不讲价的同时，采取承诺送礼品的方式。

例如，"亲，这个价格真没有的，但我可以送您一份小礼物。""亲，这个价格我们不能接受。这样吧，我们店 3 元以下的宝贝，您任选一个，我送给您。"这样处理的好处是可以让买家在被拒绝后找到心理平衡，从而乐意下单。

技巧二：价格相差大，强调质量

一些买家在砍价时喜欢猛砍，砍下来的价格让卖家难以接受。面对这样的买家，客服人员不能冷嘲热讽，而要以温和的态度告诉他们价格确实不能再降，并强调产品质量绝对有保证，且性价比高。例如，客服人员可以说："亲，依您的价格，我们就赔本了，您手下留情啊！这款产品的质量，我们都是严格控制，绝对可以保证！"

情景 075 求求你便宜点儿吧

【情景再现】

情景一：

买　家：这款手机有点儿贵，给我便宜点儿吧。

客服阿宽：亲，这是我们能给的最低价哦！

买　家：我还是学生呢，求求你给便宜点儿啦！

客服阿宽：现在淘宝的竞争非常激烈啊，我们现在的销售价格基本都趋近于成本价了。其实我也理解你，还在上学，没有钱，但是我们也不容易啊！咱们就不要再彼此为难了，亲再砍价的话，我们这个月就要以泪洗面了，理解一下好吧？

买　家：是啊！干什么都不容易，我拍一单。

情景二：

买　家：这款化妆品给咱便宜点儿呗。

客服小庄：亲，这款化妆品不讲价哦！

买　家：我刚参加工作，吃饭都很困难，求求你给便宜点儿吧！

客服小庄：亲，咱们是小本生意，利润已经降到最低，再便宜我就只能喝西北风了！😊

买　　家：那好吧，本来就没打算能砍下价来，我拍单。

客服小庄：谢谢亲的理解！

【情景分析】

在讨价还价的过程中，有一些买家会通过博取同情来砍价，这类买家就是博取同情型买家。他们常常会说自己是"学生""刚参加工作的人"，以手头拮据来博取客服人员的同情，从而达到砍价的目的。面对这类买家，客服人员要把握的原则是让对方明白自己也很可怜，也很不容易。客服阿宽与小庄就是在面对买家的讨价还价时，都诉说生意难做，不能降价，最终取得了买家的谅解，成功促使他们下单。

【技巧展示】

技巧一：声明自己的利润低

很多博取同情的买家在讨价还价时，都会以自己收入低为借口。面对买家的这种砍价方式，客服人员要告诉买家，自己也是小本生意，利润很低，并且要把这种利润低的程度形象地表现出来，例如"再便宜就只能去蹭饭吃""再便宜就要倾家荡产"等。总之，客服人员要把自家产品的利润之低尽可能形象、具体地表现出来，以使买家能深刻地感受到价格确实不能再降了。

技巧二：声明自己的权利有限

如果声明利润低的方式不能取得预期的效果，客服人员就要表现出自己的无奈。例如，客服人员可以告诉买家，自己仅是一个小小的客服，没有降低价格的权限，同时告诉买家如果自己改价就很可能被炒鱿鱼。通过这种很无奈的展示，客服人员就容易赢得买家的谅解。

情景 076 宝贝有瑕疵

【情景再现】

情景一：

客服小任：对不起，亲！这款宝贝不能再降价了，这是我们的底线。

买　　家：这件宝贝其他的什么都好，就是色彩有点儿不入流，你看能不能给便宜点儿？

客服小任：亲，您说的这点可能有错哦。紫色是永远都不会过时的颜色，可能是亲不喜欢紫色吧。我们这款宝贝还有其他色彩的哦，亲可以放心购买，只是价格确实不能再低了，请亲理解。

买　　家：那我就看看其他颜色的。

情景二：

客服小徐：美女，这是这款手机的最低价格。

买　　家：听说这款手机容易黑屏，有这样的缺陷还不给便宜点儿？

客服小徐：亲说的是这个品牌手机的一代产品吧？现在已经是第三代了，您说的那个缺陷完全不存在哟！亲可以放心购买，但价格确实不能再便宜了，希望亲理解！

买　　家：好，咱拍一个。

【情景分析】

客服人员在与买家沟通的过程中，经常会遇到一些武断型的买家。这些买家会通过武断地说产品有瑕疵的方式来达到砍价的目的，即便产品是完美的，他们也会找出一些缺点来作为讨价还价的筹码。客服人员要积极应对这样的买家，并坚守住自己的价格底线。客服小任与小徐在面对买家说出的产品瑕疵时，他们都是积极地说出产品没有瑕疵，而且价格是合理的。这样就打消了买家讨价还价的念头，并最终选择拍单。因此，客服人员只有善于利用合适的方式来应对买家拿产品质量说事儿以达到砍价的目的，才能成功促使买家下单。

【技巧展示】

技巧一：善于纠正买家提出的产品瑕疵问题

很多时候，买家为了达到砍价的目的，常常会想尽办法挑出产品的瑕疵，即使挑出的所谓瑕疵听起来有些可笑。遇到这样的状况时，客服人员不能嘲笑买家，而要诚心诚意纠正买家提出的所谓产品"瑕疵"。这样就能打消买家的这种借口，促使他们接受卖家规定的价格。

技巧二：坚守价格底线

面对买家的讨价还价，客服人员要能坚守住价格底线。在纠正买家提出的产品缺陷后，客服人员还要告诉买家，公司已经对整个产品质量进行严格把关，品质上绝对有保证，同时还要告诉买家价格是不能动的。在陈述这些理由时，客服人员的态度可以表现得坚决一点儿。

情景 077 多件产品要打折

【情景再现】

情景一：

买　　家：这套茶具真的不打折吗？

客服正正：不好意思啊，亲！这套茶具是特供的，不支持打折哟！ ☺

买　　家：你就给我打个折吧！如果打折的话，我拍两套。

客服正正：说实话，亲！拍两套，我们也是没办法打折的，不过可以送您一些礼品。如果亲拍两套，我们可以赠送您一个价值五十元的品牌大礼包。亲可以考虑考虑哦！

买　　家：这样啊，我可以拍两套，一套送人，一套自己用。

情景二：

买　　家：这个宝贝我多拍几个，您就给我打个折吧。

客服唱唱：亲，多拍几个我们也不能打折哦，只能送您一些礼品。如果您真想享受打折优惠，就可以选择拍包括这个宝贝在内的成套产品，我们会给您打九折。亲可以考虑一下哦！

买　　家：那我就成套的拍吧，反正这些配件早晚也得买。

【情景分析】

　　客服人员在与买家沟通时，经常会遇到一些买家通过购买多件产品的方式来要求打折，这类要求打折的买家是很难应付的。买家购买多件产品要求打折是可以理解的，也是在情理之中的，客服人员要根据自家店铺的规定作出灵活应对，能拒绝就拒绝，能接受就接受，同时做到利润最大化。客服正正与唱唱在应对这类买家时做得就非常出色，他们选择的策略是送大礼包与推销套装。最终，这种策略取得了良好的效果，实现了店铺利润的最大化。

【技巧展示】

技巧一：积极引导买家多拍产品

　　客服人员要善于应对购买多件产品要求打折的买家，同时要懂得引导这类买家多购买产品。积极引导的方式可以是划定几件以上产品打折，还可以是捆绑销售打折。这些条件如果足够有诱惑力，买家是没有理由拒绝的。

技巧二：不能打折时要明说

　　如果店铺规定购买多件产品也不能打折，客服人员就要明确告诉买家。例如，客服人员可以对买家说价格是全国统一的，不能随便更改。不管怎么说，关键是要明确表现出自己的态度，不能含糊其辞。这样的做法只适合品牌产品，如价格进行全国公示的品牌手机、电脑、手表等。而对于小产品、小店铺来说，就完全没有必要这样做。

第六章

中差评沟通处理

第一节　沟通步骤

情 景
078 时效性第一

【情景再现】

　　一家两金冠淘宝店之所以能够取得两金冠的信誉，很大一部分原因在于这家网店专门配备了一个不断刷新交易列表的客服人员。这个客服人员的工作是一旦发现有买家评价就立即回评，刷新评价列表，找到最新产生的中差评并登记相关信息，然后马上分配给相应的售后客服人员。

　　然而，这并不是这家淘宝店能够获得好评的主要原因。主要原因是售后客服人员在接收到中差评信息时，会第一时间作出处理。他们会马上联系买家进行沟通："看到您对小店产品的评论，非常感谢！"买家会因为客服人员沟通及时并态度友好，而对客服人员产生好感。客服人员接下来则会通过说服、诱导的方式，与买家进行沟通。很多情况下，买家会在客服人员的劝导下作出改变。

【情景分析】

在买家给予中差评后，客服人员能不能及时作出处理，是能否让买家作出改变的决定性因素。大多数情况下，出现中差评后搁置的时间越长就越难处理，因为没有买家愿意再浪费时间去更改自己已经作出的评价。如果客服人员能在买家作出评价的第一时间进行处理，则能避免这种现象的出现。案例中淘宝网店客服的做法就是比较明智的，他们第一时间获得买家的评价信息，第一时间与买家进行沟通，并最终解决了中差评的问题。这就告诉淘宝网店客服人员，在看到中差评时要第一时间进行处理，以求获得最好的沟通效果。

【技巧展示】

技巧一：第一时间找出中差评

要想在第一时间对中差评作出处理，客服人员就要在第一时间找出中差评。第一时间找出中差评的方式，可以是在买家作出评价后立即给予回评并刷新评价列表，及时找出其中的中差评，对给予中差评的买家进行信息登记，为接下来的沟通做好准备。

技巧二：第一时间与买家进行沟通

找出中差评不是最终目的，最终目的是通过沟通让买家对中差评作出更改。要做到这一点，客服人员就要在找出中差评后的第一时间里与买家进行沟通。实践证明，第一时间作出沟通是最有效的，处理效率也是最高的。

情景 079　选好沟通工具

【情景再现】

一家淘宝网店的客服人员在收到买家的差评后，想通过沟通的方式让买家把差评改为好评。初次沟通，客服人员决定使用淘宝旺旺，而旺旺在沟通时存在局限性：打字浪费时间、费力，不能更好地表达歉意。所以，这次沟通的效果并不理想。没有达到自己的目的，客服人员决定更换沟通工具，通过电话进行沟通。电话沟通有很大的优点：能传达声音、语气，歉意表达更准确。最终经过一番沟通，买家决定更改评价，把差评更改为好评。

【情景分析】

要想成功地让买家更改自己作出的评价，客服人员除了要在第一时间作出处理外，还要选择好沟通工具。所选的沟通工具是否合适，直接决定了沟通的效果。在沟通工具方面，一般来说有旺旺与电话两种，而电话比旺旺所能达到的效果更为出色。案例中的淘宝网店客服人员在选择沟通工具时，先是选择旺旺，但这种沟通工具没有取得预期的效果，之后选择电话，最终取得了良好的效果。这就告诉客服人员，要想成功地让买家更改自己给予的差评，就要选择有效的沟通工具。其中，电话就是比较出色的沟通工具。

【技巧展示】

技巧一：把电话作为首要沟通工具

在很大程度上，语音沟通拥有文字沟通所无法企及的优势。因为让买家更改自己的评价，需要大量的解释、说服、诱导，如果用旺旺进行沟通，无疑是费时费力的，买家也不会为了更改评价而在电脑前浪费自己的时间精力。此时就体现出了电话的便利，客服人员可以通过电话与买家沟通，最终达到说服买家更改评价的目的。

技巧二：态度要真诚

客服人员在与买家进行电话沟通时，要做到态度真诚。因为让买家改变评价，是在求买家做事情。客服人员此时要尽可能地真诚，把责任都承担在自己身上，并请求买家把差评改为好评。如果买家拒绝改变，客服人员就可以可怜、叫苦的语气来沟通，以获得买家的谅解。

情景 080 选好沟通时间

【情景再现】

客服小鱼在检查买家的评价时，发现一位买家给了差评，而且所写的评语对店铺十分不利。如果让这样的差评在买家之间传播，定然会给店铺带来不利的影响，甚至可能会为店铺带来"灭顶之灾"。要想杜绝这种现象的出现，最有效的做法是让买家把差评改为好评并重新写评语。于是，小鱼决定直接向买家打电话进行沟通，通过沟通让买家修改评价。

为了确保沟通能够顺利进行，小鱼决定把沟通的时间放在周日上午。因为他认为这个时间点买家不会上班，不会因为时间不对而招致买家拒接电话，或者接过电话之后就挂掉。然而，事实并不是这样。当小鱼打通电话并说明来意时，买家说自己在上班，没有时间。原来这位买家是做中学生教育培训的，周末是工作时间。毫无疑问，这次沟通没有取得想要的效果。

【情景分析】

客服人员处理中差评时，要加强与买家的沟通。而要想沟通取得良好的效果，客服人员就要把握好沟通的时间。如果所选择的时间不对，定然难以取得预期的效果。因为没有人喜欢在工作的时候与你谈评价的事，也没有人喜欢在经过一天的忙碌之后与你沟通评价的事。客服小鱼就是因为没有对买家进行调查，想当然地认为周日就是买家一定空闲的时间，而导致沟通失败。所以，客服人员要想通过沟通让买家修改评价，就要选择合适的沟通时间。

【技巧展示】

技巧一：通过收货地址探知买家的职业

很多买家在淘宝上购物时，都会把公司地址当成是收货地址，并写上公司的名字。因此，从公司的名字就基本可以判断买家所从事的职业。客服人员还要根据买家的职业查询他们的作息时间，并据此分析出在什么时间给买家打电话最合适，可以减少拒接、挂断甚至被骂的风险。

技巧二：工作日电话沟通时间的选择技巧

如果客服人员一定要在工作日与买家沟通，也要选择好沟通时间。尽量不要把沟通放在星期一，因为星期一是双休日结束后上班的第一天，买家肯定会有很多事情要处理。一般公司都在星期一开商务会议或布置这一周的工作，买家会很忙碌。星期二到星期四是最正常的工作时间，客服人员可以把电话沟通的时间放在这三天。除此之外，在时间点的选择上，不要把打电话的时间放在早上 8:00 点～10:00 点，大多数买家在这段时间会紧张地工作；也不要放在 11:30 点～13:00 点，这是午饭及休息时间；最合适的时间是 15:00 点～17:00 点，买家在这段时间不会太忙，能有充分的时间接电话。

情景 081 给出合理的解释

【情景再现】

客服小光正与一位给予差评的买家进行电话沟通。通过买家给出的评语，小光知道这位买家之所以给差评，就是因为到货的时间非常慢。因此，小光决定通过电话沟通的方式来让买家修改差评。

买　　家：你们送货的速度太慢了，可以用龟速来形容！（买家很生气，语气很强硬）

客服小光：先生，我很理解您现在的心情！如果是我，我也一定会非常生气。这都是我们的失误，给您造成了不便，请您谅解。

买　　家：确实是这样。（买家的语气开始缓和）

客服小光：我们也不想货到的时间晚，这样对我们也没有好处，我们收到货款的时间也晚。

买　　家：可不是嘛。

客服小光：亲，我们调查了货物晚到的原因。一是因为国庆节物流压力大，物流公司爆仓了；另外一个原因是送货车在送货的路上意外抛锚。当然，我们不是在推脱责任，这都是我们的错！（哀求的语气）

买　　家：原来是这样。（买家的语气进一步缓和）

客服小光：能够浪费您一点时间帮我们修改一下评价吗？请您高抬贵手，放我们一条生路。下次光临小店，我们将给您优惠，并以最快的速度把货物送到您手中。

买　　家：算了，都不容易，我给你们改。

客服小光：多谢您的理解，祝您工作顺心、生活幸福！

【情景分析】

　　不同的买家给出差评的原因是不同的，有的买家是因为产品问题，有的则是因为服务。客服人员要针对买家给出差评的原因作出合理的解释，以此来消除买家心中的不快。客服小光在这方面做得就比较好，他在与买家沟通的过程中针对物流问题作出了合理的解释，消除了买家的误会，最终使买家更改了自己的评价。这就告诉客服人员，要善于根据不同的问题作出不同的、合理的解释，才能让买家乐意更改评价。

【技巧展示】

技巧一：产品本身的问题，顺着买家说

一些买家给差评是由于产品存在瑕疵，或者没有达到他们的要求。因此，客服人员在沟通的过程中不要与买家辩驳，要顺着他们的话说。他们说是什么问题，客服人员就承认存在什么问题，并在此基础上作出解释，同时声明一定会改进。

技巧二：服务问题强调改进

一些买家给差评是由于服务不好，包括服务态度不好以及物流不给力。如果确实存在这方面的问题，客服人员就要根据实际情况作出合理的解释，并向买家承诺一定会改进，同时感谢他们对店铺的批评与指正。

情景 082 真诚表达歉意

【情景再现】

情景一：

买　家：这是一次失败的网购！宝贝没有想象中的那么好，才穿几天洗一次就掉色了，还开线。产品质量真是不敢恭维！😡

客服小江：我们的宝贝很多人都喜欢，也没有您所说的掉色现象。您所说的掉色问题是您洗涤的方式不正确吧？您所说的开线问题在其他买家购买时也没有出现，是不是您太胖，买的衣服太小了？那么多人给好评，唯独您给差评！差评就差评吧，我们不在乎！😠

情景二：

买　家：这是一次失败的网购！产品质量差，易掉色，做工粗糙易开线。😐

客服大乔：给亲造成了影响，我们表示十分抱歉！对于您所说的问题，我们愿意给您提供一定的补偿。这一切都是我们的过失，我们希望在补偿

上跟您达成共识。我们很理解您的心情，也希望您能理解我们。☺

【情景分析】

买家之所以会给中差评，很可能就是卖家的产品或者服务存在问题。因为很少有买家没事儿找事儿，故意给卖家中差评。此时，客服人员要拿出真诚的态度向买家道歉，与买家进行沟通，这是让买家更改评价的第一步。如果客服人员不能做到真诚道歉，则很难让买家更改自己的评价。面对同样的问题，客服小江与大乔的处理方式不一样，取得的效果也不一样，其中起关键作用的是能否做到真诚表达歉意。所以，客服人员要想让买家更改自己的评价，首先就要拿出真诚的态度表达歉意。

【技巧展示】

技巧一：沟通时心平气和

在与给中差评的买家进行沟通时，买家的态度是不好的，甚至可能出现言辞激烈的现象。针对买家的气愤，客服人员要始终保持心平气和，始终用轻缓的语气向买家表达自己的歉意。如果在买家言辞激烈时，自己也言辞激烈，沟通将毫无益处可言，更谈不上让买家修改评价。

技巧二：对于不更改评价的买家，不能进行言语污蔑

并不是所有给中差评的买家都能接受客服人员的道歉，这些买家对已作出的评价不会更改。如果真诚道歉也不能让买家更改评价，客服人员不能进行言语污蔑，而是可以选择在回评里解释一下，表明自己的态度和做法。这样不仅仅是给沟通不成的买家看，更是给以后的买家看。

情景 083 承诺适当补偿

【情景再现】

客服豆豆要与一位给店铺作出差评的买家进行沟通，以说服他能更改自己的

评价。为了能达到良好的沟通效果，豆豆选择了电话这种沟通工具，并在合适的时间给买家打了电话。但是，买家在与豆豆沟通时并不乐意，态度也十分蛮横。可以看出，买家对这次网购十分不满意。尽管豆豆一再表达自己的歉意，但是买家始终不接受，并告诉豆豆要想让其更改评价是不可能的。豆豆立刻意识到，这是一位非常难缠的买家，于是决定对其展开利诱。豆豆告诉买家，如果他能更改自己的评价，就可以得到适当的补偿，可以拿到十元的返现。最终，在补偿的诱惑下，买家更改了评价。

【情景分析】

不同买家的性格是不同的，不是所有给中差评的买家在客服人员作出合理解释并进行真诚道歉时，都会更改自己的评价。对于一些买家来说，如果见不到实在的利益，他们是很难更改评价的。客服豆豆就遇到了这样一位买家。在反复表达歉意仍不能奏效时，豆豆最终选择向买家承诺适当补偿的方式。买家在看到实实在在的利益后，就选择更改自己作出的评价。所以，当所有劝服方式都不能奏效时，客服人员可以通过利益诱导的方式来促使买家更改评价。

【技巧展示】

技巧一：掌握好承诺补偿的时机

客服人员在承诺补偿时要掌握好时机，不能在沟通一开始就承诺给买家补偿，毕竟客服人员要为店铺的利润考虑。所以，客服人员首先要做的是给买家进行详细的解释并表达自己的歉意。如果这样就能解决问题，则不用再承诺补偿。只有当这一切都起不到作用时，客服人员才能拿出承诺补偿的杀手锏。

技巧二：承诺的补偿要先小后大

补偿有大有小。如果很小的补偿就能让买家对评价作出更改，客服人员就不需要为买家承诺大补偿。而且，这样才能以最小的投入获得最佳的效果。承诺补偿的方式有多种多样，可以是赠送礼品，也可以是直接返现。具体运用什么样的方式，客服人员就需要根据具体的情况来决定。

情景 084 温馨道别

【情景再现】

客服小刚为了差评的事情与买家进行沟通。这位买家因为衣服做工不好，给店铺作出了不好的评价。店主不允许这样的差评存在，就让小刚来处理这件事情。在沟通过程中，小刚用尽了办法，不管是道歉，还是给予适当的优惠，买家始终都不承诺更改评价，只是在语气上有所缓和。在一切努力都没有效果时，小刚决定放弃这次交流，另外再找时间与买家沟通。在临结束时，小刚告诉这位买家："打扰您的时间，非常抱歉！虽然这次与您的沟通没有达到想要的效果，但是依旧感谢您能给我宝贵的时间！欢迎您再次光顾小店，我们将会为您提供最好的产品和最好的服务！最后，祝您工作顺利、万事如意！"这次沟通结束后，令小刚意想不到的是，买家更改了自己的评价。

【情景分析】

要想说服买家更改中差评，客服人员有时需要与买家进行反复的沟通。在每次沟通结束时，不管买家是否答应更改自己的评价，客服人员都要温馨道别。因为这是做好沟通收官的最后一步。很多情况下，客服人员如果在买家仍然不同意更改评价时给予温馨的道别，往往会出现柳暗花明又一村的惊喜。一些买家会因为客服人员的温馨道别，而更改自己的评价。客服小刚就是在经过反复沟通没有取得想要的效果后，仍旧与买家温馨道别，最终就是因为这句温馨道别让买家更改了自己的评价。所以，客服人员在与买家结束沟通时，不管目的达到与否，都要能够做到温馨地与买家道别。

【技巧展示】

技巧一：说感谢的话

不管买家是否同意更改自己的评价，客服人员都要向买家表示感谢。如果买家已经同意更改评价，客服人员就要感谢买家能够理解自己，能为小店着想。如果买家仍旧不同意更改评价，客服人员也要说感谢的话，感谢买家能够抽出时间和自己沟通。这样就能让买家感受到自己的诚意，为下次成交做好铺垫。

技巧二：说祝福的话

虽然温馨道别可能促使买家更改自己的评价，但客服人员要选择好词语才能达到这样的效果。客服人员可以选择说祝福的话，例如祝买家"工作顺利""万事如意""财源滚滚""合家欢乐""笑口常开"等。这些祝福的话要根据买家的身份来说，针对职场人士就说"工作顺利"，针对做生意的人就说"财源滚滚"，针对家庭主妇就说"合家欢乐"，等等。

第二节　沟通方式

情 景
085 直截了当

【情景再现】

一位买家因为皮箱的材质与卖家的描述不符而给了差评。客服小晨负责与买家沟通，让买家更改评价。

客服小晨：您是×××先生吗？

买　　家：是啊，有事吗？你是谁？

客服小晨：请问您对真皮的定义是什么？

买　　家：莫名其妙！你到底想干什么？不说我就挂电话了，现在是上班时间！

　　　　　（语气有点儿不耐烦）

客服小晨：我是×××小店的客服，几天前您在我们小店拍了一个皮箱。

买　　家：是拍过，怎么了？

客服小晨：能谈谈您对真皮的理解吗？

买　　家：无聊，有事儿说事儿！（生气，语气强硬）

客服小晨：是这样的，您在评价的时候给了差评，能给更改一下吗？

买　　家：早说不就好了？我没有时间，再见！

【情景分析】

　　每一个人的时间都是宝贵的，特别是职场人士。如果在与这类人沟通时，客服人员不能做到节约他们的时间，则很可能让沟通难以顺利地进行下去。这就需要客服人员在与买家沟通时，能够让对方在第一时间知道自己与其沟通的目的，而不是绕来绕去，一直不说明来意。客服小晨在与买家沟通时就犯了这方面的错误。他在与买家沟通时没有选择直奔主题，而是从一个无关痛痒的问题入手进行沟通。由于买家在工作，没有足够的时间，小晨一直不说更改评价的要求，导致买家心生厌烦而沟通失败。

【技巧展示】

技巧一：直奔主题

　　在与买家沟通时，客服人员要做到直奔主题、开门见山，直接告诉买家关于差评的事情。这样做的好处，是能让买家在第一时间接收到要求更改评价的信息。然后，客服人员可以运用各种说服技巧，始终引领着买家的思维。这对整个沟通过程是有好处的，也能促使买家愿意对自己的评价作出更改。

技巧二：直奔主题的语气要温和

直奔主题的做法虽能让买家在第一时间得知客服人员与自己沟通的目的，但是，要想让买家更改自己的评价却不是一件容易的事情，因为买家本来就对卖家存在不满情绪。这就需要客服人员在说出自己的目的时，始终保持语气温和。温和的语气能在一定程度上缓解、平息买家的怒气，从而促进沟通顺利进行。

情景 086 主动认错

【情景再现】

一位买家在一家网店买了一款手机，但是手机刚到手就出现了黑屏、闪屏的现象。基于此，买家给了差评。卖家决定与买家沟通，说服买家更改评价，给予好评。于是，两位客服针对这件事情与买家展开了沟通。

客服流风：您好，我是 ××× 店铺的客服流风，发现您给我们的手机打了差评，您抱怨的是手机总是黑屏、闪屏。

买　家：的确是这样。

客服流风：手机有问题，不是我们店铺的错误，是厂商的错误，您不能把责任都推到我们身上吧？

买　家：这么说是我的错误？！

……

客服晶晶：您好，我是 ××× 店铺的客服晶晶。我看了您写的评论，这都是我们的错！对给您造成的麻烦，我们表示歉意！

买　家：你们的确该道歉，刚入手的手机就出现了黑屏！

客服晶晶：您说得对！虽然手机不是我们生产的，但我们有不可推卸的责任。

买　家：态度还不错！

……

【情景分析】

在与买家进行中差评沟通时，客服人员首先要拿出主动认错的态度，再进行说服。因为态度直接决定了沟通能否继续顺利进行。面对同一位买家，客服流风与晶晶的做法是不一样的。流风在与买家沟通时首先没有主动认错，最终惹恼了买家；晶晶则是一开始就主动把错误揽在自己头上，如此为接下来的顺利沟通创造了条件。两者所产生的效果也是不一样的，流风的沟通方式是绝对不会让买家更改差评的，而晶晶的沟通方式则能最大限度地促使买家对评价作出更改。所以，淘宝客服人员在与作出中差评的买家进行沟通时，首先要拿出主动认错的态度，然后再继续进行说服。

【技巧展示】

技巧一：开门见山，直接认错

客服人员在与买家进行沟通时，要开门见山，直接认错，并告诉买家所有错误都在自己这方面。只有这样，客服人员才能让买家感受到自己认错的诚意，买家才有可能心平气和地继续与客服人员沟通。

技巧二：在认错中渗透解释

对于客服人员来说，仅仅靠认错并不能达到让买家更改评价的目的，还要在认错中渗透对问题的解释，这样才能让买家知道问题出在哪里。而且，客服人员应在主动认错的基础上向买家作出解释，而不是把责任从自己身上推开。

情景 087 给予小恩小惠

【情景再现】

客服蝶儿：亲，我们发现您给咱家宝贝打了差评，但是评语很少。我能知道是什么原因让您给我们差评吗？

买　　家：有一个按键不好用，感觉是次品。

客服蝶儿：亲，咱家产品都是正品哦！您的问题可能是在配送的过程中损坏了，咱们店负责退换哦，希望亲能给个好评。

买　　家：宝贝我会退换，但评价不会改变。

客服蝶儿：亲，只要你更改评价，我们会给您报销运费。另外，我们店铺还有一些小产品哦，亲可以在 10 元以下的产品中任选择一款喜欢的，我们将在退换时一起给您邮过去，您看怎么样？

买　　家：好吧，我改评价，你们说的话要兑现哦！

客服蝶儿：一定，亲！

【情景分析】

很多时候，客服人员仅仅依靠干巴巴的语言是很难让买家更改评价的。而如果能够承诺给予买家一些小恩小惠，则往往能取得良好的效果。买家不会成心跟卖家作对，如果客服人员能让他们看到利益，即使很小的一点，他们一般都会更改自己的评价。客服蝶儿就是在面对买家坚决不改评价时，承诺给予买家一定的利益，让买家在利益的诱导下最终作出了更改评价的决定。这就告诉客服人员，在单纯的语言说服达不到想要的效果时，就要运用小恩小惠来诱导买家更改评价。

【技巧展示】

技巧一：承诺包运费

给买家小恩小惠的方式有很多种，承诺包运费就是其中之一。这种方式适合买家在产品出现瑕疵时使用。因为一旦产品出现瑕疵，买家肯定要退换。如果店铺规定可以退换，客服人员可以告诉买家只要更改已经作出的差评，就能免费包邮。

技巧二：承诺赠送小产品

客服人员可以通过赠送小产品的方式，诱导买家更改评价。如果店铺有一些小产品，客服人员可以告诉买家如果更改评价就能获得其中的一款或者两款。当然要限定好价格，例如10元以下，这样才能在尽可能保证自己利益的同时让买家对评价作出更改。

情景 088 事实直陈

【情景再现】

客服玲玲：亲，从您的评语中可以看出，您感觉我们的药品不是正品，使用起来没有效果。

买　　家：是啊，用了两天，没有任何效果！

客服玲玲：亲，我可以向您保证，我们的药品是正品！我可以教给您验证方式，您可以扫描包装上的二维码，就能看到相关的药品信息。至于您说的没有效果，我也可以告诉您，咱们这款药品是纯中药制剂。中药起作用比较慢，这是咱们都知道的。只要您按照说明书使用，一定能够见到成效。

买　　家：哦，原来是这样啊，那我就放心了。

客服玲玲：您看，咱们误会也消除了，您是不是给改一下评价？

买　　家：嗯，可以。

【情景分析】

有些时候，并不是所有劝服诱导的方式都能取得预期的效果。有些买家似乎能够看透客服人员的用心，他们丝毫不为劝服诱导所动。针对这类买家，客服人员可以采取事实直陈的方式。所谓事实直陈，是指把出现问题的原因不加修饰地表述出来。客服玲玲面对买家提出的药品没有效果的问题，就是从中药起效慢说起，最终说服了买家。这就给客服人员说服买家更改评价提供了方法借鉴。客服人员要善于利用这种方法来向买家解释，以消除误会。误会一旦消除，客服人员定然能够赢得买家的信任。

【技巧展示】

技巧一：从买家给差评的原因说起

事实直陈要有直陈的根据，而买家给差评的原因就是根据。如果买家给差评是由于产品的质量问题，客服人员就要从产品质量说起，说明产品存在质量问题的原因。倘若差评是由于买家对产品认识不清所引起，客服人员就要积极向买家解释，以消除误会。而如果是由于服务的问题让买家给了差评，客服人员就要尊重事实，把服务中存在问题的原因告知买家。

技巧二：尊重事实，不弄虚作假

依靠事实直陈的方式来说服买家修改评价，客服人员就要尊重事实，不能弄虚作假。不尊重事实的直陈存在欺骗性，一旦让买家察觉，将会招致买家更大的愤怒，他们甚至会在追加评论时说出对店铺更不利的话。

情景 089 诙谐回复

【情景再现】

买　家：这款手机有很多缺点，拖了这么多天才到货，给差评是最轻的了！

客服小豪：施主无过，过在己身。阿弥陀佛，请施主息怒！

买　家：呵呵，还挺能整词儿！告诉我你们这款手机的最大优点是什么？

客服小豪：可以打电话。

买　家：汗！那缺点呢？

客服小豪：不能刮胡子啊！

买　　家：嘿嘿，看来你还真幽默！

客服小豪：亲，逗您开心呢！现在，您的心情是不是好多了？😄

买　　家：哈哈……😄

客服小豪：现在淘宝难混啊！亲的一个差评就会让我们"堕入地狱"哦，望亲

　　　　　能够本着体恤的心情，贵手高抬，给咱家小店一个重生的机会，咱

　　　　　在这里感激不尽！🙏

买　　家：真是服你了！我改还不行吗？

【情景分析】

　　与给予中差评的买家进行沟通，最重要的是客服人员要能调节好沟通的氛围。因此，幽默诙谐无疑是打造良好沟通氛围的重要方式。如果客服人员能够做到诙谐地回复，则能创造轻松的沟通氛围，让买家感觉轻松愉悦。这也无疑能够促使买家对评价作出更改。客服小豪就是在回答买家提出的问题时，始终给予诙谐的回复，让买家心情大悦。然后，小豪在合适的时机向买家提出了更改评价的要求，最终让买家同意了更改。我们从中可以看出，诙谐回复在客服人员与买家的沟通中具有很重要的作用，也是淘宝客服人员必须要掌握的沟通技巧之一。

【技巧展示】

技巧一：内容要高雅

　　诙谐回复是运用幽默的语言，有技巧地进行思想和感情交流的艺术，要求语言必须纯洁、文雅。客服人员在运用这种方式回复买家时，要做到内容健康、格调高雅，不仅能让买家不会因为幽默低俗而产生抵触心理，更能给买家以精神的享受。

技巧二：态度要友善

态度友善是诙谐回复的一项原则。客服人员如果借着诙谐回复对买家冷嘲热讽，发泄对买家作出差评的不满和厌恶，甚至拿取笑买家寻开心，那么必定会招致买家更大的厌烦。也许买家不如你伶牙俐齿，表面上你占了上风，但是你会因为不尊重买家而失去让买家更改评价的机会，甚至是从此失去一些客户。

第三节　处理技巧

情景 090　提供高出预期的服务

【情景再现】

客服球球：亲，从您的评价中可以看出，您对我们的产品不太满意，对物流也不太满意。

买　　家：是不满意，衣服手感不好，质量真是次！

客服球球：亲，您选择的是一款低价位的衣服哦。如果选择高价位的，就不会出现这样的问题。毕竟是一分钱一分货嘛！

买　　家：这个我知道，可是这件衣服的性价比确实太低了！

客服球球：咱们这样解决好不好？我们给您退换，并在同款式的衣服中帮您选一件质量好点儿的，您补个差价就行。我们会为您选择顺丰快递，亲知道顺丰的速度是很快哦。而且，邮费由我们来付。

买　　家：你们不是都与其他的物流公司合作吗，并且还不包邮？

客服球球：亲，是为了弥补您啊！我们会为您打造一次最愉快的购物旅程，还

　　　　　恳请亲修改一下差评哦。嘿嘿……😊

买　　家：这个好办，我马上改！

【情景分析】

　　买家对卖家的服务都有一定的预期，如果卖家的服务达不到这个预期，就很难让买家给予好评。在买家作出中差评之后，卖家能不能为买家提供高出预期的服务，也是能否让买家修改评价的重要因素。所以，客服人员在与买家进行沟通时，要善于利用高出预期的服务以促使买家修改评价。客服球球就是在与买家沟通时告诉买家，衣服可以从不包邮改为包邮，并且改变快递的物流公司。这些服务对于买家来说，都是意料之外的。这些意料之外的服务最终打动了买家，让买家修改了评价。

【技巧展示】

技巧一：允诺发给买家与宝贝相关的信息

　　客服人员的沟通要显出诚意，这种诚意要能在服务上体现。很多买家都希望得到与所购买宝贝相关的一系列信息，信息越详细越好。所以，客服人员在与买家沟通时，可以允诺给予买家一些与宝贝有关的信息。当然，像进价、进货渠道之类的信息要严格保密。如果客服人员能够给予买家足够多的信息，则能让买家感受到自己的诚意，并促使买家更改评价。

技巧二：力所能及地承诺店铺不提供的服务

　　所谓高出预期的服务，是指买家感受不到的服务。为了促使买家更改评价，客服人员可以承诺此前店铺不提供的服务。例如，此前不包邮的现在包邮，此前需要买家支付退换费用的现在由店铺支付，此前店铺指定的物流配送现在由买家决定，此前售后维修需买家付费现在售后维修由店铺付费，等等。

情景 091 巧用赞美

【情景再现】

客服苗苗：从亲对小店的产品描述中就可以看出，亲是一个很时尚的人！只有时尚的人，才能说出那么多当下流行的元素。

买　家：嘿嘿，我就喜欢研究当下流行的东西。

客服苗苗：看来您还是一个十分有心的人！现在像您这样的人不多了，我就没有您那么有心。

买　家：你是为了那个差评才给我打电话的吧？

客服苗苗：您真是料事如神啊！我就是为了您的评价来的。小店生存不易啊，希望您能提升一下评价的等级哦。

买　家：我也不想给差评，只是……

客服苗苗：您是一个有主见的人。小店要生存，恳请您能理解！

买　家：哈哈，全中！你是一个很会说话的人，我可以考虑更改一下评价。

客服苗苗：非常感谢您的宽宏大量，我们会及时改进自己的产品和服务，期待亲再次光临！

【情景分析】

　　客服人员与给予中差评的买家进行沟通时，要懂得运用赞美的小技巧。如果客服人员能够及时赞美买家，就能让买家的心情更好。更重要的是会让买家更加乐意与你沟通，增加对你的好感，最终会因为赞美而让买家更改评价。苗苗就是善于利用赞美与买家进行沟通的客服人员，他正是通过这种赞美让买家心情大悦，最终对评价作出了修改。所以，客服人员在与买家沟通时，不要吝啬自己的话语，一定要肯定买家的眼光，适当地赞美买家。人都是有感情的，给买家带来一份美好、愉悦的心情，自然能让他们提升评价的等级。

【技巧展示】

技巧一：买家态度犹豫时赞美

客服人员以赞美开始沟通，定然能让买家心情愉悦。然而，一旦提到要修改中差评时，很多买家会表现出不同程度的犹豫心态。当买家出现犹豫时，客服人员也要善于赞美，可以赞美他们"有眼光""有爱心""很时尚"等。

技巧二：买家不同意更改评价也要赞美

很多买家在与客服人员经过一番沟通后，并不同意更改自己的评价。面对这种情况，客服人员不能蔑视买家，而是要积极运用赞美的技巧，告诉买家是个"有主见"的人，夸赞他们可以按照自己的想法做事，并肯定买家对产品与服务的认识，让他们感受到客服人员的真诚。

情景 092 软磨硬泡

【情景再现】

一位买家在一家淘宝网店买了一套亲子装，但是收到货后发现衣服太小，穿起来不合身，就给了个中评。这家淘宝店主不允许中评的存在，就让客服与买家沟通。第一次沟通的效果并不明显，买家不同意更改评价。店主没有放弃，而是让不同的客服人员给买家打电话。三位客服人员利用撒娇、卖萌、央求的战术与买家进行电话沟通，两位客服人员利用旺旺每天对买家进行不间断地"游说"。这样不间断的沟通足足持续了两个星期，但买家仍旧没有要修改评价的意愿。为了达到目的，客服人员给买家交了10块钱的电话费，同时将他的账号设成VIP，并告诉买家店内所有产品消费都享受 9 折优惠。最终，买家把中评改为了好评。

【情景分析】

软磨硬泡的战术虽然不一定能够见到成效，也有较大的副作用，但它的确是一种沟通方法。客服人员在用尽一切方法都不能让买家更改评价时，可以选择这种战术。很多情况下，买家还是会选择修改评价。案例中淘宝店客服人员的做法就是典型的软磨硬泡法。在客服人员不停地软磨硬泡下，买家最终把中评改为好评。我们从中可以看出软磨硬泡法功能的强大，客服人员可以根据情况有选择地运用。

【技巧展示】

技巧一：在沟通中运用各种攻势

既然是软磨硬泡，就要讲究攻势。强大的攻势往往会给买家带来压力。不管是通过电话沟通，还是通过旺旺沟通，客服人员都要充分利用道歉、撒娇、卖萌、央求的战术。在沟通过程中，客服人员要做到脸皮厚，不能一碰"钉子"就缩回去，要明显表达出不达目的不罢休的决心。

技巧二：以真诚感动买家

软磨硬泡不是无理取闹，而是要以真诚感动买家。换句话说，就是要设法软化买家。要达到这样的效果，客服人员就要在不断的沟通中讲究沟通的有礼貌、合情理；要表现出自己的真诚，而不能让买家生气而翻脸相向。

情景 093 坚持诉苦

【情景再现】

一家卖茶叶的淘宝网店，由于买家怀疑其茶叶不是真品，就被买家给了一个差评。这家网店的客服人员经过数次沟通，没有取得预期的效果。尽管客服人员已经向这位买家证明了茶叶是正品，并且积极给予道歉，但买家都不接受。最后，客服人员决定利用诉苦的方式来激起买家的同情心，从而让他们更改评价。客服人员说："亲，您的差评对我们小店来说是有很大影响的。如果您觉得我的服务还不错的话，请您谅解我，因为我是客服人员，我也有业绩考核的。如果您不能更改评价，我的饭碗就不保了。请您能帮助我，在此先谢谢了！"客服人员坚持用这种诉苦的方式与买家沟通，买家最终把差评改成了好评。

【情景分析】

人都是有同情心的，买家也是一样。在与作出中差评的买家沟通时，客服人员要善于充分利用买家的同情心。当所有沟通方式都不能奏效时，客服人员可以运用诉苦的方式以激起买家的同情心。案例中的客服人员就是运用这种沟通技巧，最终让买家把差评改成了好评。也就是说，没有买家会对客服人员的诉苦无动于衷，他们会把自己的同情心表现出来，具体的方式就是更改自己对网店产品或服务的评价。

【技巧展示】

技巧一：告知买家淘宝生意难做

客服人员要告诉买家，做淘宝生意竞争是非常大的，每天有数千个用户注册开店，许多工人、农民、在校大学生都加入到淘宝这个大家庭当中来。在陈述这个事实之后，客服人员要告诉买家差评对自己的影响，并请求他们高抬贵手。

技巧二：告知买家自己很"苦"

客服人员可以告诉买家，自己做淘宝客服是多么不容易，同时要告诉对方这次差评给自己造成的巨大影响。例如，影响自己的业绩，甚至会让自己丢掉饭碗。只要是有同情心的买家，都会在这种"诉苦"下为客服人员更改评价。

情景 094 用店主身份进行沟通

【情景再现】

一家淘宝网店的客服已经多次与一位给差评的买家进行了沟通，但是没有取得丝毫进展。这次，客服朵朵准备换一个身份与买家进行沟通，她选择的身份是淘宝店主。

客服朵朵：您好，亲，我是×××网店的店主。听说您因为我们客服的服务态度不好而给了差评，您的做法我很能理解。

买　家：你是店主啊！那你可要好好教训一下你的客服×××，态度太恶劣了！

客服朵朵：亲，我们已经对他作出严肃处理，我在此给您道歉了。

买　家：嗯嗯，这样的客服就该处理！

客服朵朵：这次和您聊天，就是做个回访，希望您可以继续光顾我们小店，我们将确保为您提供最出色的服务！

买　家：店主都道歉了，我就没什么可说的了。

客服朵朵：您看，咱这评价是不是可以改一下？您的评价对我们来说很重要哦！

买　家：马上改。

【情景分析】

每个人都渴望被重视，客服人员在与买家沟通时要善于利用这种心理。客服人员在不能取得自己想要的效果时，就可以采用店主的身份与买家进行沟通。两种身份的影响力是不同的。以店主身份进行沟通，会让买家产生一种被重视和尊重的感觉。这就会使沟通顺畅许多，也能促使买家对评价作出更改。客服朵朵就是这样做的，最终达到了预期的效果。所以，客服人员要善于利用店主身份，以店主的口吻与买家进行沟通，促使他们尽快更改评价。

【技巧展示】

技巧一：保持店主的口吻

　　店主与客服人员说话的方式是不同的，客服人员要想以店主身份与买家沟通，就要时刻保持店主的口吻。相对于客服人员，店主与买家进行沟通会显得更自由，更放松，底气也更足。客服人员在与买家沟通时，要能把这些特性体现出来，以便对方知道自己就是店主，对他很重视，从而对沟通的顺利进行起到很大的推动作用。

技巧二：展现自己已经处理了问题

　　客服人员以店主身份与买家进行沟通，关键是要让买家知道他们所说的问题已经全部得到妥善解决。"店主"可以告诉买家，"服务不好的客服人员已经被处理""产品包退换并包运费""承诺给予适当的补偿""保证会弥补一切不足"等。

第四节 应对差评师

情景 095 客气地退单

【情景再现】

　　"双十一"期间，客服笑笑在查看买家的订单时，突然发现一位买家存在问题。这位买家运用的是新账号，没有交易记录。笑笑还回忆到这位买家在拍单时没有与自己沟通，而是直接付款拍下。更让笑笑感到奇怪的是，这位买家明明可以选择 10 块钱的快递，却偏偏选择 25 块钱的 EMS，而产品本身也不过二十几块钱。

笑笑立刻意识到自己遇上职业差评师了,这是他们典型的特征。笑笑明白,即使不成交这单,也不能让差评师钻了空子,否则会给店铺带来麻烦。于是,笑笑告诉这位买家:"亲,由于'双十一'的缘故,咱家小店货源不足,您要的那款产品现在已经没有库存了,需要您退单。给您造成不便,请您理解。"就这样,客服笑笑帮助店铺成功避免了一次差评师的袭扰。

【情景分析】

作为淘宝卖家,很多人都遇到过差评师。网上开店,有好的口碑和信誉,会为店铺带来更高的点击率和成交量。同时,随着网络购物的快速发展,淘宝网也催生了不少新兴职业,差评师就是其中一种。淘宝上有很多恶意买家做起了差评师,专门以给网店差评为手段索要网店钱财。甚至还出现多人合作的"团伙作案",给淘宝卖家造成了巨大伤害。要想避免这种伤害,客服人员就要及时识别买家的身份,在交易还没完成时让作为差评师的恶意买家退单。客服笑笑就是在分辨出对方是差评师时,果断中止了交易。所以,淘宝客服人员要善于利用退单的方式来避免差评师的袭扰。

【技巧展示】

技巧一:告知对方库存缺货

要想让差评师退单,客服人员就要有充足的理由。例如,客服人员可以告诉差评师,他们所要的产品已经没有库存,或者可以说店铺已经没有他们所需要规格、颜色的产品。总之,客服人员要让对方感受到,确实是因为缺货而让他们退单。

技巧二:说话要客气

告知对方退单,本来就会引起对方不高兴。此时,客服人员在说话时要保持客气的语气,要表现出自己是在为对方考虑,不想让对方为等待货物而浪费时间。这种说法多多少少能让差评师接受,很多差评师虽然不情愿,但也没有办法。

情景 096 唤醒对方的同情心

【情景再现】

客服玲珑：亲，您给了我们小店差评，可以告诉我为什么吗？

买　家：我不想说那么多，知道信誉对你们淘宝店很重要。要想让我改差评也可以，给我打一百块钱！（语气强硬蛮横）

客服玲珑：你是传说中的差评师吧？

买　家：这个你别管，给钱就改好评！（语气依旧强硬）

客服玲珑：您做这样的事情，想必也是被生活所困。咱们都一样，都是给他人打工。我每天要工作十几个小时，工资只有可怜的那么一点儿。如果您这个问题我处理不好，很可能会丢掉这份工作，店主已经给我下了最后通牒。咱们就不要相互为难了好不好？（哀求的语气）

买　家：看你说得这么可怜，我倒是可以考虑一下。（语气变得温和）

【情景分析】

　　以感情打动差评师，也是与差评师沟通的一种技巧。虽然这种沟通技巧不是在每个差评师身上都能起作用，但是却能唤醒一部分差评师的同情心。只要唤醒他们的同情心，让他们更改自己的评价就会变得简单许多。客服玲珑运用的就是这种沟通技巧，最终打动了差评师。这就告诉淘宝客服人员，在与差评师沟通时要善于运用唤起对方同情心的技巧，从而让他们修改已经给出的差评。

【技巧展示】

技巧一：表示理解差评师的做法

　　在运用"唤醒对方同情心"的方法与差评师沟通时，客服人员首先要表示理解差评师的做法。这样就能让差评师感觉到你与他是站在同一个阵营，有同样的认识和想法，从而拉近彼此的距离，为接下来的顺利沟通做好铺垫。

技巧二：尽量装可怜

唤起差评师同情心的第二步，就是要尽量装可怜，这种可怜可以从说话的语言以及语气中表现出来。客服人员在与差评师电话沟通时，要尽量让语言围绕着自己很可怜展开，让自己的语气听起来可怜巴巴。例如，客服人员可以告诉差评师，自己生活窘迫，工作辛苦，而且工资非常低；也可以告诉差评师，自己要养家糊口，现在的工作是救命稻草等。总之，客服人员要时刻围绕着自己如何可怜进行诉说，以尽快唤醒差评师的同情心。

情景 097 承诺退还交易金额

【情景再现】

客服安安：亲，发现您给了我们一个差评，咱们可不可以沟通一下？

差评师：哈哈，想删差评吗？想的话就打点钱过来，不用多，稍微表示一下就行！（语气很骄傲）

客服安安：亲，您就放过我吧，我混碗饭吃也不容易。（哀求的语气）

差评师：我没有什么其他目的，就是想要点儿钱！

客服安安：您看这样好不好？咱们各退一步，我把交易金额退还给您，东西就算是我送给您了，您则负责把差评改为好评。当然，您也可以不改，只是我会坚持自己的做法。我也知道您是干什么的，我还会用正常的方式维权，到时候你一分钱也拿不到！（语气强硬）

差评师：好吧，成交。

【情景分析】

客服人员在与差评师沟通时，单纯依靠语言说服是很难达到目的的，差评师就是靠给店铺差评吃饭的。要想说服他们更改评价，就要让他们看到实实在在的利益。客服人员可以承诺退还交易金额，这样才能对差评师有所触动。退还金额是不会给店铺造成损失的，因为差评师考虑到自己的利益，一般都是购买非常便宜的东西。所以，客服人员明确表示不会妥协，并在此基础上告诉差评师退还交易金额，这种软硬兼施的方式能够获得非常好的沟通效果。一般的差评师都会在见到利益后表示接受，并更改自己已经作出的差评。

【技巧展示】

技巧一：以协商的口吻沟通

客服人员要想让差评师接受自己的建议，就不能态度过于强硬，而要始终以协商的口吻与其沟通。本来主动权就掌握在差评师手中，客服人员此时如果再表现出强硬的态度，整个沟通就会没有办法进行下去。所以，客服人员在与差评师沟通时，要始终拿出协商的口吻，不时征求对方的意见。

技巧二：承诺退还交易金额

交易金额对于差评师来说没有多少，一般是二三十块钱。用这些钱换一个好评，一点都不多。因此，退还交易金额对于店铺来说是最明智的选择。而且，这也是一般差评师都能接受的交易方式，能达到客服人员预期的效果。

情景 098 态度坚决不屈服

【情景再现】

差 评 师：想让我改差评为好评，是吧？那就乖乖地掏钱吧，以前几个店铺都是这样做的！（语气强硬）

客服双双：看来是遇到"碰瓷"的了，我们是不会妥协的！（语气强硬）

差 评 师：我可不是差评师，是你们的产品确实存在问题！

客服贝贝：别不承认了！像你这样的人，我见得多了。明确告诉你，我们不会给你一分钱，而且我们还会维权！（语气强硬）

差评师：随便！不给钱就不改评价！（语气强硬，有点儿生气）

客服贝贝：看来你是个"碰瓷"的新手，我们会向淘宝网站投诉。一旦投诉成功，你非但不能拿到一分钱，还很有可能被封号，这是最轻的。我们还可以向消费者协会投诉或者向法院提起诉讼。《侵权责任法》第 36 条规定："网络用户、网络服务提供者利用网络侵害他人民事权益的，应当承担侵权责任。"卖家可以请求侵权人删除恶意评价并赔偿相应损失。如果严重的话，你很可能会锒铛入狱哦！（语气坚决，不留余地）

差评师：呃，好吧，我服了。

【情景分析】

客服人员对待差评师如果只是一味地忍让，很可能会让差评师得寸进尺。而如果在面对差评师时，客服人员能够做到态度坚决，则往往可以取得良好的效果。因此，客服人员要有强烈的维权意识，要懂得利用法律武器来维护店铺的合法权益。客服贝贝就是在面对差评师的勒索时没有丝毫的妥协，而且告诉差评师这样做的后果有多么严重。在客服人员的这种坚决态度下，差评师最终妥协了。这个案例告诉我们，客服人员在与差评师沟通时，要懂得运用法律武器来维护店铺利益。

【技巧展示】

技巧一：明确表示自己的态度

对待差评师，如果客服人员有足够的底气，就要明确表示自己的态度。例如，客服人员可以告诉差评师，自己面对他们的任何要求都不会有丝毫的妥协，让他们得不到任何好处。这种强硬的态度会让差评师有所顾忌，并知难而退。

技巧二：法律举例论证

客服人员要懂得运用法律来维护自己的权益。而要想让这种方式产生效果，客服人员就要告诉对方这样做是违法的，是得不到好处的，并且要举例论证。举例的方式有两种，一种是告诉对方自己成功战胜差评师的故事；另一种是告诉对方国家严厉打击"网上碰瓷"的案例，如发生在2013年的全国首例恶意差评师案。

第七章
买家投诉沟通

第一节　实用技巧

099 第一时间处理

【情景再现】

　　深夜十二点，客服艾艾突然发现有一位买家进行了投诉，投诉的原因是产品质量有瑕疵。于是，客服艾艾第一时间与这位买家进行了沟通。

客服艾艾：亲，这么晚还不睡？要注意休息哦！ ♥

买　　家：你不是也没睡嘛！

客服艾艾：看来咱们都是夜猫子，嘿嘿…… ☺

买　　家：习惯晚睡了，早了睡不着。

客服艾艾：嗯嗯，我也是。无意间发现您投诉了小店，是因为我们产品的质量问题吧？ ☺

买　　家：你的反应挺迅速，看来你非常重视这次投诉。

客服艾艾：我们重视每一位买家的感受，并努力为买家打造最畅快的购物体验！

　　……

【情景分析】

在淘宝购物的过程中，买家在感到不满意时，除了会作出中差评，还会进行投诉。中差评对于店铺来说影响是很大的，而投诉对店铺的影响同样很大，如果处理不好，将对店铺的发展带来很大损失。要想处理好买家的投诉，客服人员首先要做的是第一时间联系买家，第一时间作出处理。客服艾艾就是在收到投诉后，第一时间联系买家并协商处理事宜。这样能让买家感受到自己是被尊重的，也能为让买家撤诉做好准备。

【技巧展示】

技巧一：第一时间寒暄

对于发起投诉的买家，客服人员要第一时间与其取得联系，进行沟通，并且要第一时间寒暄。寒暄是打开话题的第一步，客服人员要善于从多个角度与买家寒暄。例如，客服人员可以从时间入手，如在深夜沟通以晚睡为话题；也可以从孩子入手，如孩子的培养问题；还可以从爱好入手，如热爱哪种体育项目。当然，寒暄的具体内容要根据买家身份来确定。客服人员要针对不同的买家身份，选择与之相应的寒暄内容。

技巧二：第一时间认错

在与发起投诉的买家进行沟通时，客服人员要第一时间认错。买家之所以会投诉，是因为他们对产品或者服务存在不满。客服人员在第一时间认错，能让买家感受到自己真诚的态度，从而促使他们撤诉。

情景 100 耐心倾听抱怨

【情景再现】

客服冰冰是一家淘宝药店的客服人员，她在工作时突然发现有一位阿姨投诉店铺出售的药品用起来没有效果，于是决定通过沟通让其撤销投诉。

客服冰冰：阿姨，您投诉了小店，具体原因是什么呢？

买　　家：我在你们店购买了四盒达克宁栓，用了两盒，但没有效果！（愤怒的语气）

客服冰冰：阿姨，您继续说。（语气亲切温和）

买　　家：我要把剩下的两盒退掉，可你们店的人不让退！（依旧很生气）

客服冰冰：阿姨，来看一下我的理解是否正确。您是说买了四盒达克宁栓，但发现用了两盒后一点效果都没有，您要把剩余的两盒退掉，而我们的客服不让您退。（语气亲切温和）

买　　家：是啊，我要退掉！

客服冰冰：阿姨，通过您的描述，我知道您要表达的意思了。我们小店是承诺过可以退货的，但是阿姨您的那两盒包装已经损坏，我们已经没有办法再出售了。而且，小店的产品都是正品，不存在没有疗效的问题，我们都有相关证明。没有效果可能是阿姨用药的时间还不够长，希望阿姨能够理解。（语气亲切温和）

买　　家：我也理解，只是你们先前那个客服态度不好。（语气开始有所缓和）

客服冰冰：我代他给您道歉了，都是我们的错，希望阿姨谅解！

买　　家：好吧。

【情景分析】

在与发起投诉的买家进行沟通时，客服人员要能够耐心倾听买家的陈述。耐心倾听是能够实现顺利沟通一种有效技巧，客服人员要善于运用这种技巧，帮助发起投诉的买家表达出自己的需求。这样，客服人员不仅可以增强买家对自己的信任感，还可以从中获取有用的信息，以更有效地开展工作。冰冰就是这样的一位客服人员，面对买家抱怨，她没有发表自己的意见，而是让买家尽情发泄，然后从中找出问题所在并向买家作出解释，最终获得了买家的谅解。

【技巧展示】

技巧一：耐心倾听

既然买家来投诉了，就说明买家对产品或服务不满意。因此，客服人员在倾听买家的抱怨时，一定要有耐心。首先，客服人员要耐心听完买家的抱怨，看是不是存在误会，然后分析原因并一点点地向买家解释，同时向买家提供解决问题的方法。

技巧二：重复买家的话

倾听的关键是听懂。客服人员在听完买家抱怨完后，可以重复买家的话并向他们反馈："我理解了您的意思吗？"这样做的好处有两个：一个是弄清买家投诉的具体原因；另一个是让买家感受到你的真诚和对他的尊重，从而对买家撤诉具有很大的推动作用。

情景 101 态度谦和友好

【情景再现】

情景一：

客服菲菲：您这人怎么这样啊！我已经反复给您说过了，到货慢不是我们的问题，是物流公司的责任，怎么能把责任推在我们身上呢？还投诉，您知不知道您的投诉会给我们小店造成多大的影响？（指责的语气）

买　　家：我不管，你们送货速度如此之慢，我肯定要投诉！（买家很生气）

客服菲菲：简直不可理喻，谁碰到你这样的买家谁倒霉！（语气强硬）

买　　家：你说话真难听！投诉我不会撤的，我还要再次投诉，投诉你们不尊

重买家！（买家大怒）

情景二：

客服昕昕：亲，我很理解您的心情！如果不是非常愤怒，您是不会投诉我们的。（语气温和）

买　　家：那是自然，谁会没事儿找事！（语气有点儿生气）

客服昕昕：嗯嗯，对于您的问题，我们会及时处理。处理的方式，咱们可以协商解决。希望您能撤掉投诉。（语气亲切）

买　　家：那敢情好！（语气缓和）

【情景分析】

能不能让买家撤销投诉，客服人员的态度起着关键作用。因此，要想让买家撤销投诉，客服人员就要拿出谦和友好的态度。客服菲菲与昕昕在与发起投诉的买家沟通时，因为态度不同而导致结果不同。客服菲菲在与买家沟通时，态度蛮横无理，让买家十分生气；昕昕则是态度谦和友好，最终成功解决了投诉的问题。我们从中可以看出，态度是否谦和友好，直接决定了沟通的结果。

【技巧展示】

技巧一：同情买家的遭遇

从买家对店铺的投诉中，客服人员应认识到是自己的工作或服务存在一定的问题。因此，客服人员应该表现出理解买家的做法、同情买家的遭遇，并且还要尽心尽力地帮助买家，满足他们的要求。只有这样，才能赢得买家的好感，而让其撤销差评也才有了可能。

技巧二：不要与买家发生争执

买家一般是遇到了麻烦、不顺之后才会投诉，而且往往是心里有气，难免会在言语中表现出来。对待怒气冲冲的买家，客服人员首先要做的就是理解、克制，绝不能与买家发生争执。一旦争执，就会给买家留下糟糕的印象，让其撤销投诉也就成了不可能的事情。

情景 102 语言得体

【情景再现】

客服甜甜要与一位投诉店铺的买家进行沟通，她下定决心要让这位买家撤销投诉。

客服甜甜：亲，您投诉本店产品的原因是什么？

买　家：原因？这款鞋子的尺寸，我在买之前和你们沟通过，并按照你们建议的标准拍单。但是，鞋子到手后却不是这个样子，大了许多！☹

客服甜甜：您懂不懂？我们的鞋子使用的是欧码，再说鞋子大小是需要根据您的脚来选择，尺寸不准或许是您自己的问题。

买　家：你这人会说话吗？说话怎么这么难听？看来咱们是没有必要沟通下去了！

客服甜甜：不沟通就不沟通，我还不乐意跟你说话呢！

【情景分析】

客服人员在与买家沟通的过程中，除了要有谦和友好的态度之外，还要做到语言得体。只有做到语言得体，才能让买家身心受用。买家对店铺不满，通常会发泄怨气。此时，客服人员在言语方面不能与买家针锋相对，而是要注意自己的措辞，要做到得体有礼貌。客服甜甜在与买家沟通时，就没有做到语言得体。这种伤及买家自尊的做法，更是激起了买家心中的怒火，最终让沟通进行不下去，双方不欢而散。

【技巧展示】

技巧一：不说伤及买家自尊的话

不说伤及买家自尊的话，也是语言得体的一个方面。客服人员如果做不到这一点，就很难让买家与自己沟通下去。所以，客服人员不要一开口就说出"您懂不懂？""您知不知道？"之类伤人自尊的话。这些话会让买家更加不满，甚至会产生愤怒的情绪。客服人员要说的是礼貌的话、恭敬的话，以此来获得买家的信任。

技巧二：尽量用委婉的语言

客服人员在与买家进行沟通时，要尽量使用委婉的语言。即使是买家存在不合理的地方，客服人员也不要直接指出。因为人人都会犯错，但很多时候大部分人都不愿被别人指出批评，对于买家来说同样如此。客服人员可以先称赞买家，然后以"但是"为转折点告诉买家存在的错误。诸如此类委婉的说话方式，能保护买家的自尊，同时能让他们感受到客服人员对自己的尊重，也就能为让买家撤销投诉打下基础。

情景 103 补偿措施多样

【情景再现】

客服小天：亲，我已经给您解释了您投诉的问题，您把投诉撤了呗！

买　家：虽然你解释得不错，但我还是不能撤销投诉，对不起哟！

客服小天：亲，别着急拒绝啊，我们可以为您提供一定的补偿。咱们可以协商一下，看看具体怎么解决？

买　家：好啊，我倒想听听怎么个补偿方式。

客服小天：亲，我们可以为您提供一定的补偿：一是精神补偿，我们可以向您真诚道歉；二是物质补偿，比如 20 元的电话费、20 元的返现。您也可以在我们小店免费选择一款 20 元以内的产品，由我们负责邮费。

买　　家：看起来你们挺诚心的！20 元的话费看起来不错，我会撤销投诉的。

【情景分析】

既然买家选择投诉，就说明他十分愤怒，对店铺及产品十分不满意。客服人员在这种情况下与其沟通，难度之大可想而知。在很多情况下，任由客服人员说得天花乱坠，效果却非常不理想。事实是很多买家在投诉之后，往往会希望得到补偿。如果客服人员能在补偿方面做得比较出色，则能最大程度地让买家撤诉。客服小天就是在与买家沟通没有取得效果后，选择向买家提供补偿的方式，最终成功说服了买家。所以，客服人员在迫不得已时可以选择承诺补偿的方式，并且多提供几种方案让买家选择，这种方式往往是很奏效的。

【技巧展示】

技巧一：承诺补偿的方式要多样

客服人员如果想通过补偿的方式让买家撤销投诉，就要提供多种补偿方式以供买家选择，可以是精神方面的，也可以是物质方面的。相对于精神方面，物质方面的补偿更有吸引力。因此，客服人员在承诺物质方面的补偿时要多提供几种方案，让买家从中选择一种。例如，让买家在返现、打折、赠送礼品中选择。这种方式有很大的冲击力，能够让买家心甘情愿地接受撤销投诉的请求。

技巧二：要尽可能维护店铺的利益

虽然承诺补偿的方式能够起到良好的效果，但是，客服人员在运用这种策略时要以店铺利益为出发点，承诺赔偿的金额要从小到大，争取能够以最小的代价让买家撤销投诉。如果买家对补偿的金额不满意，客服人员可以慢慢向上涨，如十元不行，就涨到十五元、二十元。

第二节 具体沟通策略

情景 104 忘发货

【情景再现】

一家卖眼镜配饰的淘宝网店在交易时出现了一个错误：买家拍了单，但是自己由于疏忽而忘记了发货。三天过去，当买家提醒发货时，客服人员才看到。没有想到的是，买家在收到货物后投诉了卖家，理由是卖家没有及时发货。于是，客服嫣嫣与买家进行沟通，想让买家撤销投诉。

客服嫣嫣：先生，对不起，都是我们的错！发货不及时，耽误了您的时间！（哀求的语气）

买　　家：的确是你们的错！发货不及时，说明你们态度不好！（语气中有点儿愤怒）

客服嫣嫣：您说的是！是我们客服的失误，不是我们不想给您发货，只是当时我们店内已经没有库存，当我们两天后拿到货时，快递那边扫描单号信息不及时，这才导致发货这么晚。希望您能理解！（诚恳的语气）

买　　家：这倒是有情可原，我也不是不通情达理的人，投诉的问题好解决。（语气变得温和）

【情景分析】

对于一些生意好的网店来说，每天都有很多订单。特别是到了节假日期间，订单更多，难免出现忘发货的现象。一些买家可能会因为到货不及时而投诉卖家。在与这类买家沟通时，客服人员要把忘记发货的原因向买家解释清楚，并请求其谅解。客服嫣嫣就是把忘发货的原因如实表达出来，并请求买家的谅解，从而取得了良好的效果。所以，客服人员要善于把忘发货的原因表达出来，让买家乐于接受并撤销投诉。

【技巧展示】

技巧一：把责任推在店铺员工身上

客服人员要想让买家撤销投诉，就要让买家乐于接受自己给出的解释。因此，与买家进行沟通的客服人员可以把责任推在店铺员工身上，告诉买家是某个员工的疏忽而忘了发货，并告诉买家因为这次事件对员工已经作出了严肃处理。这就能让买家找到心理上的平衡，从而可以促进沟通能够顺利进行下去。

技巧二：说出忘发货的客观原因

除了向买家解释主观因素之外，客服人员还要善于利用客观因素向买家进行解释。例如，如果是节日期间，客服人员则可以告诉买家物流公司爆仓；如果是平常日子，则可以说是电脑系统出了问题，或者物流公司上传扫描信息慢。当然，这些理由并不是所有买家都能接受的。因此，要想让更多的买家接受，客服人员就要在说出客观原因后附以积极的道歉。

情景 105 少发货

【情景再现】

一家卖袜子的淘宝网店在给买家包装 20 双袜子时，由于疏忽而少装了一双。买家在收到货物后，向淘宝作出了投诉。为了解决这次投诉，以沟通见长的客服辰辰接受了这次与买家沟通的任务。

客服辰辰：亲，对于少给您发货，我代表店铺真诚地向您道歉。由于数量比较多，漏发是不能避免的。人非圣贤，孰能无过，您说是不是？（哀求的语气）

买　　家：工作不认真就是你们的错误！（买家很生气）

客服辰辰：您说得对！我觉得有必要向您解释一下。对于事情的原委，我们已经做过调查，是我们一位工作人员在数袜子的时候数错了，店主已经严厉批评了这位员工。

买　　家：哦。（语气开始缓和）

客服辰辰：请您放心，小店会以最快的速度把漏发的袜子发到您的手中。而且，小店再免费赠送您两双，对给您造成的延误和不便再次表示歉意！希望亲能把投诉的问题给小店解决一下，咱们互相理解，好吧？（诚恳请求）

买　　家：没问题。

【情景分析】

经营淘宝网店的过程中，卖家很可能会因为少发货而招致买家的投诉。面对此类投诉时，客服人员更应该具备沟通技巧。首先，客服人员要确定是店铺少发货，还是买家故意找茬。不管是哪一种情况，客服人员都要积极沟通，以解决投诉问题。客服辰辰就是在确定是店铺的责任后，把出现问题的原因和盘托出，并告诉买家漏发的袜子会及时送出，同时还赠送两双。这种解决方式取得了良好的效果。所以，客服人员要善于根据不同的情况作出解释和处理。

【技巧展示】

技巧一：不是店铺责任时说事实

有一些因为少发货而招致投诉的事件，责任并不在于店铺。如果是这种现象，客服人员就要向买家讲清楚事实。当然，店铺要与快递公司核实数量与重量，如果没有差别，则不是自己的责任。那么，少货就可能是由于货物配送或者收货人自身的原因所造成。此时，客服人员可以问买家"收货时包装是否完好"，如果有打开的痕迹，则可以告诉买家"可能是快递人员做了手脚"。如果包装完好，问题则可能出现在买家身上，客服人员就要问他们"是不是数错了？"并向他们出示数量核对的证据。

技巧二：属于店铺责任则巧妙说

有时候，少发货是由于店铺员工的疏忽。如果是这样，客服人员就要巧妙地说，要把少发货的原因告诉买家，如"数数的时候数错了""新手员工操作不熟练"等；说出具体的原因之后，向买家保证"少发的货物会准时补上"，有可能的话再承诺向买家赠送一些礼品。

情景 106 发错货

【情景再现】

一家做分销的淘宝网店在一次发货时发错了货。原来买家在店里拍的是内裤，但三天后收到货却发现是一大包袜子。店铺让买家发了照片，果然是袜子，便找供应商求证，最终搞明白是发货粗心弄错了货。买家很生气，于是投诉了店铺。客服翔翔接受了与买家沟通、让买家撤销投诉的任务。

客服翔翔：对于店铺发错货的事情，我们表示万分的抱歉，请求您原谅！（哀求的语气）

买　　家：不可能！（语气很强硬）

客服翔翔：很理解您的心情，但请允许我向您解释。咱家店铺是做分销的，由供应商直接发货，我们也不知道货物会发错。耽误了您的时间，我们也十分过意不去。（诚恳地道歉）

买　　家：理由不充分。（语气很强硬，但是有所缓和）

客服翔翔：咱们找个解决的方案怎么样？咱们交换货物，并且一切运费由我们承担。为了表示我们的歉意，我们还会附赠本店的一套小礼品，您看怎么样？投诉的问题，麻烦您解决一下。

买　　家：成交。

【情景分析】

发错货是很多卖家都会出现的事情，更有买家会因为发错货而投诉卖家。因此，能否妥善处理发错货的问题，直接决定了是否能够让买家撤销投诉。客服翔翔在处理这类问题时，先是主动认错，然后告诉买家发错货的主要原因，紧接着提出了处理的方案，最终成功说服了买家，让其撤销投诉。这就说明，卖家因发错货而导致买家的投诉时，要能够积极与买家沟通谈话，运用合适的方法说服他们撤销投诉。

【技巧展示】

技巧一：积极道歉

发错货本来就是卖家的责任，不管是出于什么原因，客服人员都要积极道歉，让买家感受到自己的诚意。这是顺利沟通的第一步，能够起到平息买家怒气的效果，使整个沟通过程更加顺畅。

技巧二：提出解决措施

道歉只是第一步，最关键的还是要解决问题。所以，客服人员要能提出解决问题的措施。例如，客服人员可以告诉买家，让买家把货物邮寄回来，运费由卖家负责，同时会把买家的货物邮寄过去。如果买家不接受，客服人员则可以告诉他们会赠送一些礼品。这样在利益的驱使下，一般买家都会接受。

情景 107　货物损坏

【情景再现】

一家淘宝网店出售一架水晶飞机模型。由于是易碎品，店主在发货时进行了仔细检查，确保没有损坏后才发货。买家是上午收的货，但到下午时却说货物是破碎的，并进行了投诉。客服毛毛决定与买家沟通，以解决这件事情。

客服毛毛：亲，我是×××的客服。您在我家小店拍了一架水晶飞机模型，并且以货物有损坏为由投诉了我们。

买　家：是啊，飞机确实坏了！（语气有点儿不耐烦）

客服毛毛：亲，咱们投诉之前要先明白是谁的责任哦。我们这款产品在发出时是完好无损的，之所以会出现您说的货物被损坏，只有一种可能，一定是货物在运送过程中被损坏。如果是这个原因，咱们会与快递公司协商，会免费为您再配送一个同样的产品。但是，这需要您给予证明。关键是您可能没有在收货的时候验货，我们在包装上有收货前先验货的说明。如果您做不到，您自己也是有责任的。

买　家：我有责任？！（买家很生气，语气变得强硬）

客服毛毛：是的，亲，不过咱们现在是要解决问题，不是讨论是谁的责任。您看这样好不好？我们免费再给您配送一个，您则撤销对我们的投诉。

买　家：好吧。（语气得以缓和）

【情景分析】

在淘宝交易的过程中，经常可以看到很多买家因为货物损坏而与卖家纠纷不断，他们甚至投诉卖家。卖家可能会很委屈，因为他们的货物在发出时是完好无损的。然而，货物在运送过程中可能会被损坏，特别是一些易碎品更是如此。而且，货物被损坏也不排除存在买家自身的因素。不管是哪种因素造成了货物被损坏，卖家都会处于被动地位。因此，客服人员在与这类买家沟通时也要掌握一定的技巧。客服毛毛做得就非常好，他首先告诉买家货物被损坏的原因，进而提出了解决的方法。通过这种沟通方式，他成功说服了买家撤销投诉。

【技巧展示】

技巧一：声明买家的责任

通过淘宝进行交易，买家负有收货前验货的义务。买家在收到包裹时要当面验货，如拆包后发现损坏等现象，要如实让快递人员记录。如果货物破损情况严重，以致根本无法使用，买家就需要当场拒收快递包裹，将包裹退回给卖家。如果买家没有这样做就签收了快递包裹，事后再告知卖家，买家是负有一定责任的。客服人员要明确告诉买家负有这方面的责任，从而在沟通中抓住主动权。

技巧二：说出损坏原因与解决方式

客服人员还要告诉买家，货物为什么会损坏。例如，易碎品在快递过程中存在磕碰的风险。除了要说出损坏的原因之外，客服人员还要说出解决的方式，这是买家最关心的事情。客服人员可以承诺买家重新配送一个，也可以告诉买家可以退款。具体运用哪种解决方式，要让买家自己进行选择。

第三节　沟通谨记

情景 108　用语不敬

【情景再现】

客服亚亚遇到了一件让她意想不到的事情。一位买家因为发货的地方太远，便以不想提货为由投诉了卖家。亚亚感到可笑又可气，决定与买家理论一番。

客服亚亚：亲，我发觉你是一朵奇葩，太远不能提货就投诉我们，你觉得好玩吗？

　　　　（戏谑的口吻）

买　　家：我就喜欢投诉，不行吗？（买家很生气）

客服亚亚：见过许多奇葩的买家，你是奇葩中的奇葩！（嘲笑的口吻）

买　　家：说话放尊重点儿！（买家大怒）

客服亚亚：也不指望你能撤销投诉了，姑奶奶认栽了！（谴责的口吻）

买　　家：滚！（暴怒的语气）

【情景分析】

在与发起投诉的买家进行沟通时，客服人员要展示出对买家的尊敬，不能用不敬语，否则整个沟通就很难顺利进行下去。客服亚亚在与买家沟通时，就使用了"奇葩""好玩""姑奶奶"等不敬语。这些不敬语惹恼了买家，最终让买家怒言相向。所以，要想让买家撤销投诉，客服人员就要对买家表现出足够的尊重。这种尊重首先要体现在语言上，客服人员如果在沟通时语言上做不到尊重，则很难让买家改变投诉的决心。

【技巧展示】

技巧一：称呼上要体现尊重

与买家打交道，需要称呼对方。用怎样的称呼，不仅是表达对方身份、与说话者的关系等客观事实，而且表示说话者对对方的情感态度。甚至可以说，能否在称呼上做到尊重他人，直接决定了沟通的效果。客服人员要根据不同的买家对象采用不同的称呼。年轻一点儿的买家，要称之为"美女""帅哥"；年龄大一点儿的买家，要称之为"先生""阿姨""叔叔"。不管对任何人，"亲"是淘宝客服人员最常用的尊称。

技巧二：语言表达要尊重

由于受到了投诉，很多客服人员对买家都心生怨恨。所以，客服人员在与买家沟通时很可能会把这种怨恨表现出来，具体的表现方式是表达出对买家的不尊重。例如，"你可真行""真是服了你""你真是个奇葩""没有见过你这样的人"等。诸如此类的表达是对买家的不尊重，很容易导致买家愤怒，客服人员在与买家沟通的过程中要坚决杜绝。

情景 109 态度恶劣

【情景再现】

一位买家在一家淘宝网店购买了一个笔架，在收货时没有验货，但回家打开后发现笔架是断裂的，而且断了两处，于是立刻上网告诉了卖家。买家的意思是换个新的，但卖家却让买家全部退货，坚决不给换。买家很生气，便投诉了卖家。之后，客服洁洁再次与买家沟通。

客服洁洁：亲，您投诉我们是毫无道理的。您知不知道，先验货后签收，出现问题拒签退回，所有的运费和损失由快递公司赔偿，签收以后就是买家承担责任。因为您的责任导致了损失，您不想自己承担，而是想让卖家承担，您明白了吗？

买　　家：我只是要换个新的！（买家有点儿生气）

客服洁洁：您如果掏运费，我们肯定给您换。按照您的推理，签收以后卖家仍然给您赔偿。如果是这样，我给您发 10 次，您 10 次都是签收以后告诉我们坏了，这样做合理吗？怎么不用脑子想一想？真是人心不足蛇吞象！给您退货已经很不错了，您还要挑三拣四，想退运费！您这人真有意思，哈哈哈……（嘲笑的口吻）

买　　家：你说话真难听，咱们没有必要再聊了！（买家大怒）

【情景分析】

客服人员在与买家沟通投诉的问题时，要拿出好的态度。如果态度恶劣，非但不能让买家放弃投诉，甚至会让买家更加愤怒，这对问题的解决是没有任何好处的。客服洁洁在与买家沟通时，就是犯了这方面的错误。她在与买家沟通的过程中，不断数落买家的不是，不停地嘲笑买家，结果惹恼了买家，让整个沟通无果而终。淘宝客服人员与投诉买家沟通的目的是让他们撤销投诉，而不是意气用事，贪图口头之快。所以，客服人员要端正自己的态度，这样才能让沟通有效。

【技巧展示】

技巧一：不说买家的不是

有时候，买家的投诉是毫无道理的。针对这些买家，客服人员不要说买家的不是，要懂得先肯定买家，然后旁敲侧击地说出买家的错误。如果客服人员说出"您这样做是错误的""是没有任何道理的""是可笑的"之类的话，则会激怒买家，因而不利于达到预期目的。

技巧二：不嘲弄买家

而且，客服人员在与买家沟通时不能嘲弄买家，不要说"您真逗""您真有意思""您明不明白"之类的话。嘲弄买家，最终受到伤害的只能是客服人员自己，更难达到让买家撤销投诉的目的。客服人员要拿出真诚的态度，做到谦和友好，始终以协商的态度来与买家沟通。

情景 110 多人处理

【情景再现】

一家淘宝网店由于产品的质量问题遭到了买家的投诉。如果不能及时让买家撤销投诉，店铺很可能会被处罚、扣分。为了避免这种现象的出现，店铺决定通过电话沟通的方式来解决。第一位客服人员打电话没有取得预期的效果，店铺决定派出第二位客服。

第二位客服在与买家沟通时，把第一位客服谈论的所有问题重述了一遍。这让买家很厌烦，因为同样的问题他要说第二遍。无疑，这次沟通也没有达到预期的效果。

店铺又派出了第三位客服，这次买家发火了，直接告诉客服人员这是在打扰他的生活，浪费他的时间。这次沟通的效果更差，沟通刚开始就结束了。

【情景分析】

卖家在处理买家投诉的时，最忌讳的是发动多名客服人员与买家轮番沟通。这样做的坏处有两个：一个坏处是沟通效率的降低，因为每次沟通时客服人员都要重复相同的问题，买家也要回答相同的问题，这无疑对提高沟通效率没有丝毫的好处，同时会让整个沟通过程显得拖沓；另一个坏处是影响买家的心情，如果是一个人出面沟通，买家还能与客服人员交谈，而如果是几个人轮番上阵，则会给买家带来压力，也会让他们心情变糟，甚至会发火，直接挂掉电话。所以，卖家在与投诉的买家进行沟通时，切忌多人沟通处理，要把客服的人数控制在两人以内。

【技巧展示】

技巧一：一名客服负责到底

卖家在处理买家的投诉时，明智的做法是由一名客服人员与买家沟通。因为由一名客服人员与买家沟通，能够逐渐建立买家的信任，能够逐步深入地解决问题。而且，由一名客服人员负责沟通，效率会比多名客服人员轮番沟通高很多，也不会让买家由于厌烦而产生抵触心理。

技巧二：换客服的理由要充分

如果一名客服人员与买家沟通没有取得良好的效果，卖家可以再派一名客服人员与买家沟通。沟通的时候，新客服人员要首先告诉买家接替第一位客服的原因。例如，"第一位客服让您生气了，对不起，我来帮您解决问题。""亲，我是来更好地帮助您解决问题的。""先生，由于店铺很重视您的感受，所以派我再次与您沟通。"客服人员向买家如此表达,就能在一定程度上减弱买家的抵触心理,让沟通可以继续顺利进行。

情景 111 恼怒争辩

【情景再现】

客服超超: 先生,您的想法是不正确的,甚至是幼稚可笑的。您在收货时没有验货,您本身就有很大的责任。(嘲笑的口吻)

买家: 我有责任?!我掏钱买了一个残次品,我有什么责任?!(买家大怒)

客服超超: 责任本来就是您的。根据规定,买家有收货前验货的责任,您没有做到啊!(指责的口吻)

买家: 我不管这些,我要的是你们赔运费!(依旧大怒)

客服超超: 甭想,您一分钱也拿不到!(语气强烈)

买家: 你们也太不讲道理了,没有良心的卖家!(买家暴怒)

客服超超: 是你胡搅蛮缠好不好?!(依旧谴责)

买家: 看来咱们是没有必要沟通了,一边儿玩去吧!

【情景分析】

客服人员在与买家沟通的过程中,或许会遇到一些对事实认知不清的买家,也可能会遇到一些蛮不讲理的买家。这些买家会固执己见,即使他们所说的没有任何意义。此时,客服人员该怎么办呢?千万不要和他们恼怒争辩!如果客服人员与买家发生争辩,即使赢了也很难让买家撤销投诉。可见,受损失的还是客服人员自己,而争辩的胜利没有任何意义。客服超超就是犯了这方面的错误,不休止地与买家争辩,最终惹恼了买家,让沟通无果而终。客服人员与发起投诉的买家沟通,目的是平息买家的怒气,让他们撤销投诉,而只有恭敬地沟通才能达到这个目的。

【技巧展示】

技巧一：容许买家讲话

客服人员需要记住，与买家沟通不是参加辩论会，与买家争辩解决不了任何问题，只会招致买家的反感。所以，客服人员要容许买家讲话，发表不同的意见，而不要刻意地和买家发生激烈争论。因为即使把买家驳得张口结舌、无地自容，客服人员也很难达到自己的目的。

技巧二：控制好自己的情绪

买家之所以会投诉，就是因为他们十分恼怒，他们在说话时很可能会言语过激。面对这样的情况，客服人员要保持冷静，不要急于争辩，并控制自己的情绪，耐心忍受对方的发泄，以诚实、宽容、同情的态度来对待这些买家，这样沟通才能获得良好的效果。

第八章

争取 100%好评的技巧

第一节 深入了解准买家

情景
112 看买家好评率

【情景再现】

客服小鲁正在与一位买家沟通，他发现这位买家是个很难伺候的人，而且说话时盛气凌人，表示如果只要他不满意就会给差评。小鲁明白与这样的人做生意要非常小心，他决定查看一下这位买家的好评率再决定是否与其成交。可买家拍单的愿望却很强烈，于是，小鲁先以"看看是否还有库存"为由稳住买家，然后快速进入淘宝网的卖家中心，通过查看发现这位买家的好评率为 30%，可以说信用是非常低的。为了降低风险，给店铺拿到 100% 的好评，小鲁决定放弃这次交易。下定决心后，小鲁告诉买家："对不起，亲！您要的这个型号已经没有库存，亲可以去其他店家看看。"

【情景分析】

信用对于卖家来说是非常重要的，甚至可以决定卖家的生死。淘宝是个专业的电子商务平台，消费群体十分庞大，绝大多数的卖家和买家都是诚信经营和公正评价的，然而却有一些买家习惯性地喜欢给予卖家中评或差评。对于卖家来说，最痛心的莫过于辛辛苦苦卖出了一件产品，却迎来了中评、差评。要尽可能地避免出现中差评，卖家除了要做好产品与服务外，还要尽自己所能规避一切风险。查看买家的好评率，就是规避风险的一项重要手段。客服小鲁就是在得知买家好评率低时，决定放弃这单生意，从而成功规避了一次获得中差评的风险。由此可见，查看买家好评率是卖家避免中差评、获得100％好评的一种有效且重要的方式，客服人员要积极掌握并善于运用这种方式。

【技巧展示】

技巧一：找借口稳住买家

如果在与买家沟通的过程中出现异常情况，客服人员要能够稳住买家，以便为自己思考如何决策赢得时间。这就需要客服人员能够掌握一些找借口的技巧，例如从产品出发找借口，要查库存、查大小、查颜色等。客服人员可以这样说，"亲，我要看看这款还有没有库存，请稍等。"或者是，"亲，我要看看还有没有您要的这个颜色，请稍等。"

技巧二：要敢于作出决定

查看买家的好评率后，客服人员要敢于作出决定。对于好评率高的买家要积极促成交易，客服人员可以说："亲，您要的宝贝资源充足，可以拍单哟！"而对于好评率低的买家，客服人员则可以资源紧缺为借口进行拒绝。

情景 113 看其他卖家对买家的评价

【情景再现】

客服小赵在与买家沟通的过程中，发现买家语言温和，十分礼貌，还总是夸赞产品好、服务好，但看其淘宝ID，并不是老顾客。小赵心细，他认为越是顺畅的交流，越存在风险。为了规避这种风险，他决定对买家进行调查。在卖家中心，小赵查到了卖家对这位买家的评价，"沟通不愉快""确认到货速度慢""很少给好评"。通过这些卖家的评价，小赵判断这是一位信用度不高的买家。因此，为了能给店铺赢得 100% 的好评率，小赵决定尽量规避这类买家。为了不导致买家的厌烦，他告诉买家："先生，和您交流很愉快，但是咱家这款产品没有库存了，请您理解。"

【情景分析】

查看其他卖家对买家的评价，也是客服人员判断买家属于哪种类型的一种有效途径。通过卖家的评价，客服人员可以了解准买家的性格、为人等各方面信息，并可以判断其是否经常给好评，这样就能为整个交易打下良好的基础。客服小赵就是通过查看卖家的评价，发现买家是一位沟通时说话漂亮，但售后却很难给好评的买家。正是基于此，小赵决定中止这单交易，以积累 100% 的好评，提高店铺的信誉。我们从中不难发现，要想赢得 100% 的好评，客服人员就要了解自己的买家。而卖家对买家的评价是了解买家信息的最好方式，客服人员要善于利用这种方式来了解潜在的买家。

【技巧展示】

技巧一：不要操之过急

很多客服人员在遇到要拍单的买家时，总是会十分兴奋，急于促成交易。他们的目的就是成交，就是创造业绩，从而忘记对买家进行仔细的甄别。这种方式对于卖家赢得 100% 好评是没有好处的。因此，客服人员要想确保为卖家获得 100% 的好评，首先就要对买家进行仔细了解，在了解的基础上再决定是成交还是拒绝。

技巧二：拒绝要顺其自然

对于一些评价不好的买家，客服人员要懂得拒绝，并且要让拒绝顺其自然，不能让买家有所察觉。这就需要客服人员掌握拒绝的技巧，运用温和的语气、婉转的表达让买家感受不到这是在拒绝，而是事实。

情景 114 看买家对其他卖家的评价

【情景再现】

小吴开了一家小网店，在竞争日益激烈的淘宝市场，要想成功存活下来并不是一件容易的事情。而对于小网店来说，最关键的是积累信誉。而要想赢得很高的信誉，网店就要尽可能多地获得买家好评。为了积累100％的好评，小吴在交易过程中特别注重对准买家进行甄别，甄别方式之一就是查看准买家对其他卖家的评价。在一次与买家的沟通过程中，小吴查看后发现，这位买家在作评价时不喜欢留言，只会给出好评。于是，小吴知道这是一位肯定能给好评的买家，便决定积极说服其拍单。

【情景分析】

淘宝是一个双方都能给出评价的平台。通过查看准买家对其他卖家的评价，客服人员就能得知自己能在多大程度上获得好评。有一些买家喜欢习惯性好评，与这类买家做生意获得好评的几率会很大。也有一些买家却喜欢习惯性中差评，与这些人做生意是很难获得好评的。在了解这些情况后，客服人员就要根据具体情况来作决定，以求最大限度地获得好评。小吴就是在发现买家喜欢习惯性给好评后，积极促使买家下单。我们从中也可以看出，查看准买家对其他卖家的评价，对于判断准买家能否给予好评具有很重要的作用。

【技巧展示】

技巧一：对于习惯性好评的买家，积极成交

在淘宝上有这么一类买家，他们深知做淘宝的人不容易，即使产品或者服务令他们有什么不满意，他们也会习惯性地给出好评。在面对这类买家时，客服人员要善于积极促成交易，并可以告诉买家拍单就有优惠，或者有礼品赠送。

技巧二：对于习惯性中差评的买家，果断拒绝

在淘宝上还有一类挑剔型的买家，这类买家的特点是，不管卖家给出的产品或服务有多好，他们都不会给出好评。对于这类习惯性给予中差评的买家，卖家如果特别注重 100% 的好评，就要果断拒绝。拒绝的方式有多样，客服人员可以说自己库存不足，也可以说是缺码断号。最关键的是客服人员要把自己的态度表现出来，但是语气又不能太生硬，以免招致买家的埋怨。

情景 115 看是否有过货到不付款的惩罚

【情景再现】

客服小杨在与一位准买家沟通，他发现这位准买家总是在价格上转来转去，软磨硬泡要让自己给予优惠。小杨明白，这类买家不好对付，如果不让价是很难获得其好评的。因此，在准买家拍单之前，小杨决定先对其进行一番调查。通过在淘宝卖家中心的调查发现，这位准买家存在货到不付款的惩罚。于是，小杨明白，这类买家信誉度不高，与他们做生意所能获得好评的几率几乎为零。非但如此，货到不付款对于店铺的资金周转，会形成非常大的压力。就这样，小杨决定中止这次交易，坚决强调自己店铺的产品不讲价。最终，买家知难而退。

【情景分析】

在淘宝上有这么一类买家，他们收到货物后迟迟不付款，拖累了卖家的资金周转。对于这类买家，卖家就不得不对其进行警告。如果警告无济于事，卖家就会向淘宝投诉。投诉成立后，买家的信用里就会有"货到不付款"的惩罚。如果遇到这样的买家，卖家就要妥善应对，不要急于成交。否则，卖家非但不能及时获得货款，还会招致中差评。因为这类买家的信誉度很低，即使卖家在产品质量和服务上做到出色，也很难赢得他们的好评。客服小杨在成交之前，通过对准买家进行调查发现其曾受过"货到不付款"的惩罚。基于此，小杨决定中止这次交易，以不让价的方式让买家知难而退。由此可见，客服人员要想获得100％的好评，就要懂得仔细了解自己的买家，而调查买家是否受过"货到不付款"的惩罚就是一种非常好的方式。

【技巧展示】

技巧一：善于从买家的语言中感知其性格

不同的买家在沟通过程中会有不同的表现。甚至可以说，买家的语言透露出了买家的性格。因此，客服人员要善于在与买家沟通的过程中感知买家的性格。例如，通过谈论产品的设计、材料、尺寸，谈论服务以及讨价还价等，客服人员要善于从这些信息中去感知买家是什么样的性格。如果对买家有所怀疑，客服人员就要去查看与买家相关的信用情况。

技巧二：让买家知难而退

如果买家存在"货到不付款"的情况，客服人员就要拒绝交易，具体的拒绝方式可以是让买家知难而退。例如，客服人员可以告诉买家产品存在某些方面的瑕疵，可以说物流的速度有点儿慢，也可以说公司有规定不能讲价。

第二节　事先沟通赢好评

情景 116　事先说出问题并积极解决

【情景再现】

情景一：

买　家： 这款 U 盘还是防水的啊？

客服小刘： 是的，亲！这是一款最新防水 U 盘，手机、电脑，一盘双用，双插头，全金属机身，外型小巧。亲可以放心购买哟！ 😃

买　家： 看起来确实挺好的，我很喜欢。

客服小刘： 亲，拍单之前，我要给您说的是这款 U 盘标出的是 16G，而事实上只有 15.6G。现在的 U 盘都存在些许的差别，亲要理解哟！为了弥补这方面的不足，小店特意赠给您一个配套的挂绳。 😃

买　家： 很是理解，我马上拍单。

情景二：

买　家： 我特别喜欢你家小店的这款化妆品，马上拍单。

客服小芹： 感谢亲喜欢咱家的化妆品，咱家的都是专柜正品哟。

买　家： 看起来也像。

客服小芹： 有一点要提前告诉亲，由于是"双十一"，物流速度可能有点儿慢，还望您能理解。为了弥补这个问题，小店决定送您五贴面膜。

买　家： 哟，还有惊喜哦！这个很好，我喜欢！

【情景分析】

　　卖家要想赢得100％的好评，关键是要让买家感受到自身产品和服务都是完美的。但是，每一位卖家都不能保证这一切都是完美的。在这种情况下，卖家要想获得买家的好评，关键是要事先与买家沟通，找出问题所在并积极给予解决。在这个问题上，客服小刘与小芹做得都比较出色。小刘通过允诺赠挂绳的方式来弥补产品本身存在的问题，小芹则通过赠面膜的方式来弥补物流服务方面的不足。这种事先沟通的方式能够让买家感到惊喜，也让产品或服务方面存在的缺陷不再成为买家给差评的依据。

【技巧展示】

技巧一：坦诚指出存在的问题

　　任何一件产品都不会是完美的，任何服务都不会是毫无瑕疵的。对于这些存在的问题，卖家最明智的做法就是事先说出，而不是刻意隐瞒。刻意隐瞒只会让买家感到卖家在欺骗他们，给予卖家差评也就是在所难免了。

技巧二：提出解决问题的方式

　　坦诚地指出存在的问题，并不代表买家可以接受，客服人员还要能够提出解决问题的方式。例如，允诺赠送买家礼品，或者给予买家优惠等。这些解决问题的方式能让买家感受到卖家的诚意，也让卖家赢得100％好评变得不再很难。

情景 117 了解买家对产品的期望

【情景再现】

客服小雨：看起来，亲非常喜欢我家这款宝贝，对这款宝贝的认识也很深刻。

　　　　　一看就知道，您是专业人士！

买　　家：我不是什么专业人士，只是对与空调相关的知识有所了解。☺

客服小雨：这已经很不简单了，您对这款空调有什么期望吗？

买　　家：空调嘛，首先要制冷效果好，其次要足够省电，能达到一天一度电最好。当然，能送点儿小礼品更好，嘿嘿！☺

客服小雨：亲，制冷效果没得说。您说的省电，这台空调可能达不到。因为不是变频空调，很难做到一天一度电。如果亲想要省电的，可以选择咱家小店的变频空调。至于礼品嘛，既然亲提出来了，我们会尽可能地满足。😊

买　　家：好，咱马上拍。

【情景分析】

　　要想让买家感到满意并最终给予好评，关键是卖家的产品要能够满足买家的期望。任何一位买家对自己即将入手的产品都有一个期望，他们会设想自己所需要的产品是什么样子，能够达到什么效果。如果产品到手之后没有达到期望，他们则很可能产生不满，进而作出中差评。所以，要想赢得买家的好评，客服人员事先就要摸清买家对产品的期望，并根据买家的期望作出解说，尽可能消除买家给中差评的由头。客服小雨就是通过沟通了解了买家的期望，并告诉买家制冷与赠礼品的期望可以满足，但是"一天一度电"的期望很难实现。同时，他建议买家如果想省电，则可以选购另一款产品。这种做法是很明智的，因为买家从中获得了心理平衡与满足。即使空调达不到省电的效果，买家也不会给出中差评。

【技巧展示】

技巧一：通过沟通了解买家的期望

　　对于客服人员来说，很重要的一点是要了解买家的期望。这一点，客服人员可以通过与买家的沟通得知。例如，客服人员可以询问买家，这款产品具体怎么样，对产品有没有什么建议，产品有什么不足，或者直接询问买家对产品的期望是什么。通过这些问题，客服人员就能得知买家对产品的期望。

技巧二：满足不了期望则推荐其他

当买家提出的期望不能得到满足时，客服人员就要给出合理的解释。例如，客服人员可以告诉买家，产品只能达到这样的效果，而要想获得想要的效果，则可以选择店内的其他同类型产品。这样就能更好地转移矛盾，而不会因为满足不了买家的期望而招致中差评。

情景 118 了解买家要求的到货时间

【情景再现】

情景一：

客服婉婉：亲，感谢您的拍单，我们会在第一时间为您发货。顺便问您一句，您希望什么时候送到您手中？

买　　家：越快越好，最好能在两天内到达。

客服婉婉：亲，您说的时间，我们很难送到。我们也想尽快地把货物送到您手中，但是亲计算一下路程，咱们可以说是天南地北啊，呵呵……所以，两天的时间很难到达，希望您能理解。不过，请您放心，我们会在第一时间发货，以最快的速度为您送到。

买　　家：好的。

情景二：

客服瑶瑶：亲，您对到货时间有什么要求吗？

买　　家：我急用，希望两天内到达，大后天就要用。

客服瑶瑶：亲，很难哦！即使我们马不停蹄地为您送货，也很难在您说的时间内送到，亲可以考虑一下哦。如果一定要大后天用，建议您到身边的实体店购买。如果时间可以宽限一点儿，我们就能保证以最快的速度发到您手中。

买　　家：好吧，我拍单。

【情景分析】

很多时候，买家会因为到货不及时而给卖家中差评。所以，卖家要想尽可能地获得好评，就要在物流上做到让买家满意。而要想在物流上满足买家的期望，卖家就要搞清楚买家希望在拍单后何时能拿到货。在得知买家的期望后，卖家还要根据不同的情况作出解释，客服婉婉与瑶瑶就是这样做的。在买家提出期望的到货时间后，婉婉通过计算路程的方式告诉买家货物在两天内不能到达，瑶瑶则通过建议买家去实体店购买的方式赢得了订单。所以，在买家拍单之前，客服人员要先了解一下买家对货物到达时间的要求。如果能够送到，客服人员就可以给予承诺；如果不能，则直言不能并给出合理的解释。只有这样，卖家才不会因为到货时间不及时而招致中差评。

【技巧展示】

技巧一：满足不了期望时巧妙说

很多买家并不知道物流的具体速度，他们只想在拍单之后尽可能早地拿到货物。但是，他们这种愿望在很多时候是很难得到满足的。此时，就需要客服人员具有一定的沟通技巧。客服人员可以通过计算距离的方式，让买家明白在自己要求的时间内不可能到货，也可以告诉买家货物在配送过程中有很多不确定的因素。如果实在是很难送到，而买家的时间又要求得很死，客服人员则可以建议买家到实体店铺去购买。

技巧二：强调店铺会快速发货

不管能不能在买家期望的时间内到货，客服人员都要强调自己会在第一时间发货，并以最快的速度配送。这种强调能让买家感觉到，虽然不能在自己要求的时间内拿到货物，但也能尽快地拿到。因此，买家也就不会因为到货时间问题而给中差评。

情景 119 主动帮买家出谋划策

【情景再现】

买　　家： 听说这款润肤露……（润肤露页面链接）的效果不错，不知道实际效果怎么样？

客服小何： 亲，这款润肤露的效果是非常好的，很多买家反馈都说很好，亲可以放心购买哦。

买　　家： 我朋友也说效果不错，所以我才过来看看。但我是油性皮肤，不知道适不适合用这款？

客服小何： 亲是油性皮肤啊，还真有点儿不适合，这款润肤露适合干性皮肤。不过，这个问题，我可以帮您解决。咱家小店还有一款控油的润肤露，亲可以考虑一下，两者是一样的价格哦。

买　　家： 这款适合我么？

客服小何： 只要亲是油性皮肤，就一定合适，可以放心购买。

买　　家： 感谢你的建议，回头给你好评哟！

【情景分析】

买家在网购的过程中会遇到这样那样的问题，如果客服人员能为买家出谋划策，解决买家遇到的问题，那么就能赢得买家的好感，如此获得好评也就不再是困难的事情。客服小何就是在买家遇到不知道该怎么选择化妆品时，积极帮助买家解决问题，建议购买控油型的润肤露，最终赢得了买家的好感。因此，客服人员要能够做到像小何一样，在沟通过程中积极帮助买家解决他们遇到的问题。如果买家的问题能够得到很好的解决，那么他们在售后评价时就不会吝啬给予买家好评。

【技巧展示】

技巧一：仔细倾听买家的问题

要想解决好买家的问题，关键是要知道买家存在什么样的问题。这就需要客服人员仔细倾听，搞清楚买家的问题所在。所以，客服人员在与买家沟通的过程中，要能够让买家将顾虑表达出来，然后再针对买家的顾虑提供参考性建议。

技巧二：积极帮助买家解决问题

如果买家对产品存在顾虑，不知道该如何选择，那么客服人员就要积极给予指导。例如，买家如果在颜色上不知道如何选择，客服人员就要告诉他们卖得比较好的颜色的产品；如果是产品的尺寸不合适，客服人员就帮助买家选择合适的尺寸。诸如此类，客服人员就能让买家在自己的建议下选出合适的产品，进而获得买家的好评。

情景 120 及时解决买家的疑问

【情景再现】

情景一：

买　　家：这款鞋子看起来真心不错，就是不知道是不是真皮的？

客服豆豆：看来亲是对鞋子的材质存在疑问啊。请放心，我们家这款鞋子绝对是牛皮的，而且内外都是真牛皮，柔韧耐折，纹理细腻。

买　　家：那我就放心了。不过，是不是真皮还要拿到鞋子之后才知道。

客服豆豆：亲请放心，如果不是真皮，我们免费负责退换。

买　　家：好的，我拍单。

情景二：

买　　家：不知道您是与哪家物流公司合作的？

客服妮妮：亲是担心物流速度慢的问题吧？放心吧亲，我们与顺丰合作，物流速度是有保证的哦！

买　　家：这个挺不错！说实话，我就怕送货速度慢。

【情景分析】

在与买家交流的过程中，面对买家的疑问，客服人员要及时给予解决。这样就能让买家感受到自己的诚意，从而赢得买家的好感。客服豆豆在买家提出皮鞋是不是真皮的疑问时，告诉买家是真牛皮的，还对皮鞋的材质进行了详细描述；妮妮则为买家解决了物流方面的疑问。这种及时解决买家疑问的方式能够取得良好的效果，它不但能够促进买家下单，还能让买家给予好评。所以，客服人员要善于及时解决买家的疑问，以获得买家的好评。

【技巧展示】

技巧一：耐心回答买家的疑问

大部分买家都不是专业人士，他们会对自己将要购买的产品或服务存在各种各样的疑问。面对买家提出的疑问，客服人员要拿出积极的态度，即使是再简单的问题也要耐心地给予解答，这样才能赢得买家的好评。

技巧二：确保买家没有任何疑问

帮助买家解决一个问题后，客服人员还要积极询问买家是否仍有其他疑问，自己可以为其进行解答，以确保买家不再有不清楚的地方。这种积极负责的态度会打动你的买家，并在整个交易活动完成后获得买家的好评。

第三节　从不同买家赢好评

情景 121 对新手买家多引导、树信任

【情景再现】

买　　家：我想拍你家的包包，但是又不敢，刚玩淘宝，有点儿不放心。

客服小婵：哦，您是初级买家啊！亲可以放心哦，咱家都是专柜正品。您担心的就是怕买到假货吧？

买　　家：是啊，网上购物又看不到实物，不知道是不是正品。

客服小婵：亲的顾虑可以理解，很多刚入淘宝的人都有您这样的想法哦。我可以教给您识别的方法，首先是看店铺的等级。皇冠级卖家是信誉比较高的卖家，他们的产品是值得信任的，否则也不会有这么高的信誉度。咱家就是皇冠级店铺，是值得信任的哦！其次看产品的销量，畅销产品的质量是经过众多买家论证，值得信赖的。咱家这款包包月销量已经过万，所以绝对是正品哟。

买　　家：哦，原来是这样啊！我明白了，感谢你的讲解！我相信你家的产品是正品，同时，服务也很到位哦！

【情景分析】

很多买家由于刚接触淘宝，对淘宝满怀好奇，却在购物时心存顾虑。这种顾

虑主要是不信任。如果客服人员能够积极引导，消除买家的这种不信任感，就不但能赢得买家的信任，还能让买家因为服务到位而给予好评。客服小婵就是在新手买家表示不信任时，通过介绍如何进行产品甄别赢得了买家的信任，并让其对自己的服务感到满意。这就告诉我们，客服人员要想从新手买家身上获得好评，就要善于积极引导，以赢得他们的信任。

【技巧展示】

技巧一：引导新手买家完成购物流程

很多新手买家在初次接触网购时，并不知道如何购物。此时，客服人员要做的就是耐心为新手买家讲解整个购物流程。这种耐心的讲解不仅能够为新手买家解决购物流程方面的问题，而且能够因此赢得他们的信任。

技巧二：引导新手买家认识店铺产品和服务

要想从新手买家身上赢得好评，关键是要让他们了解自家店铺的产品和服务。客服人员就要从产品质量的甄别、服务的优越性等方面，引导新手买家对店铺产生理性认识，从而让他们对店铺产生信任，并为他们在交易完成后给予好评打下基础。

情景 122 对挑剔买家先沟通

【情景再现】

买　　家：你家这款宝贝有没有色差？

客服小紫：亲，没有色差哦！

买　　家：真的没有吗？有了怎么办？

客服小紫：亲，请您放心，绝对没有色差哦。如果有，我们提供退换。

买　　家：这件衣服好像有点儿瑕疵，走线不是那么精美，还有两边的花纹不是很对称。

客服小紫：亲，您观察得真是仔细！我们家这件衣服可能如您所说的在走线上不是太精细，但花纹是对称的，可能是图片给您造成了错觉。我们这款衣服还有一个缺点，就是不是纯棉的。亲要仔细考虑好再拍单哦！

买　　家：我喜欢完美的东西。

客服小紫：亲，没有东西是十全十美的。咱家的衣服也不会是十全十美，我把缺点告诉了您，您可以按照自己的想法选择是否拍单。如果亲一定要完美的衣服，那就可以去实体店购买哦。

【情景分析】

开网店难免遇到一些特别挑剔的买家，这类买家总是会抱怨款式不好，或者颜色不对，或者物流太慢。总之，没有不抱怨的地方。他们还会反复问：产品有没有瑕疵？有问题怎么办？怎么找你们？等等。想从这类买家身上赢得好评，并不是一件容易的事情，客服人员要在成交之前先与买家进行沟通。客服小紫就是在面对挑剔的买家时耐心地回答问题，并告诉对方产品的缺陷所在。同时，她也告诉了买家，如果坚持十全十美就可以去实体店购买。这种把所有问题都考虑在内的沟通方式，能够最大限度地降低买家给中差评的几率，因而也是客服人员应该学习和掌握的获得好评的技巧。

【技巧展示】

技巧一：真诚而有耐心

挑剔型买家是非常苛刻的，他们在与客服人员沟通时会提出很多问题，并且会一个问题反复问。对于这类买家，客服人员要付出更多的真诚、耐性与细心。当买家询问产品的相关信息时，客服人员一定要好好把握住这个机会，为其解决一切疑问，让其对自己以及店铺产生好感。

技巧二：不要过分热情

　　面对挑剔型买家，客服人员不可过分热情。因为对方本身对店铺存在警惕性，客服人员一旦热情过度，就会让他们产生厌烦心理，好评也就很难得到了。所以，在与这类买家沟通时，客服人员要拿出自己的热情，但是不要让自己的热情给对方带来压力，而要给他们更多的自己选择的机会。

情景 123 对吝啬买家满足其合理要求

【情景再现】

买　　家：这件衣服太贵了，你给我再打个折吧。

客服小惠：亲，这还贵吗？才一百元呐！

买　　家：一百元还不贵啊？都抵得上我一星期的生活费了！你得给我打折，要不我就不拍了！

客服小惠：对不起啊，亲！这款衣服是换季产品，已经是吐血清仓，不能打折了。

买　　家：九五折怎么样？可以的话，我马上就拍。

客服小惠：亲，就五块钱啊，咱们这么讲来讲去的！

买　　家：嘿嘿……不打折也可以，你得送我点儿东西，我不能白来一趟。

客服小惠：好，本店两三元的东西任你挑一款，就当是赠品了。

买　　家：嗯嗯。

【情景分析】

　　淘宝的世界很大，淘宝上的买家也是各种各样。有这么一类买家，他们喜欢讲价，尽一切努力为自己争取最大的优惠，这就是我们经常说的吝啬型买家。这类买家很难应对，让他们拍单已属不容易，想让他们给予好评则更是困难。原因主要在于这类买家的要求一旦达不到，就很容易带来差评。客服小惠在与这类买家沟通的过程中，时刻把握着自己的原则，不合理的要求予以拒绝，合理的要求给予满足。这样做，就能够提高获得买家好评的几率。

【技巧展示】

技巧一：满足合理要求，拒绝不合理要求

　　吝啬型买家最喜欢做的就是讨价还价，这类买家讨价还价有时会一两元地进行，有时则会大幅度地展开。对于可以接受的价格，客服人员可以给予相应的折扣。如果价格低于成本，客服人员则要善于拒绝这种不合理的要求，具体方式可以是告诉买家这个价格会让自己赔本；如果包邮是合理的要求，客服人员就可以答应；如果利润还没有物流的费用高，则要果断拒绝。

技巧二：告诉买家自己已尽力

　　要在吝啬型买家身上获得好评，客服人员除了要满足他们的合理要求之外，还要在拒绝他们的不合理要求时，告诉他们自己已经尽了力，并请求他们谅解。如此就能最大限度地获得买家的好感，从而为赢得好评打下基础。

情景 124 对贪婪买家承诺赠品

【情景再现】

买　家：你家鞋子的质量怎么样啊？

客服恋恋：鞋子都是老板亲自进的，质量绝对没问题。

买　家：为什么其他家店铺卖 50 多元，你家的卖 70 多元？🍎

客服恋恋：亲，决定价格的是进货渠道和产品质量。看起来一样的东西，其实
　　　　　　质量上是有差别的。😊

买　家：那你家鞋子质量有其他家店铺的好吗？

客服恋恋：这个很难说啊，亲！其他家店铺的鞋子我没看过，但我能保证我家

鞋子的质量绝对好。

买 家：是吗？那你便宜点吧。

客服恋恋：亲，这款鞋子已经是最低价，不能再便宜了哦。

买 家：你得给我打八折，还得包邮，不然我会给你差评！

客服恋恋：亲，您就饶了俺吧！俺是小本经营啊，得罪不起您。这样好不好，咱们各

     退一步，我给您包邮，再送您两双袜子，您看怎么样？

买 家：三双？！

客服恋恋：得嘞，三双就三双，您真是砍价高手！

【情景分析】

  淘宝上有一类买家，他们能狠命砍价，稍不满意就给差评、求退货、赔偿等，这就是典型的贪婪型买家。想赚贪婪型买家的钱不容易，想让他们给你好评更不容易。因为他们永远抱着不相信你的态度，购买时关注的首先是价格，其次才是质量。而到评价时，他们往往以各种理由挑剔，给予中差评，目的是为了获得赔偿。在面对这类买家时，客服人员要懂得灵活应对，不能无视对方的贪婪，也不能任由其无理索求，关键是抓住其心理，满足其心理需求。客服恋恋就是抓住买家爱占便宜的心理，允诺包邮又给赠品，进而赢得了买家的欢心，为买家给予好评打下了基础。

【技巧展示】

技巧一：承诺赠品，转移买家注意力

  贪婪型买家提出的要求往往非常多，他们一次性可以提出打折、包邮、赠品等很多要求。客服人员要能够在这些要求中找出主次，可以承诺赠品的方式来转移买家的注意力。因为赠品相对于打折，对卖家自己更有利，而对买家也非常有吸引力，能够引起他们的兴趣。

技巧二：果断拒绝交易

贪婪型买家的贪婪，往往没有止境。如果一味地满足这类买家的要求，卖家往往会耗费大量的精力，而收益却很少，这是得不偿失的。如果卖家本身没有绝对自信的质量和服务优势，客服人员就不要接生意，而要果断予以拒绝。

第四节　高质量服务赢好评

情景 125　30秒内一定回复

【情景再现】

一位买家非常想买一款漂亮的鞋子，并且对一家店铺的鞋子非常有好感，于是怀着满满的期待点击进入了这家小店。在拍单之前，买家想先和客服人员进行沟通，询问一下与鞋子有关的问题，便向旺旺账号在线的客服人员发去了第一条信息："你家这款鞋子是专柜正品吗？"然后等着客服人员的回答。然而，一分钟过去了，客服人员没有给予任何回答。这让买家很不高兴，就离开了店铺。客服人员发现这条信息后，立即给买家回信息："是的，亲！咱们店铺卖的都是专柜正品，亲可以放心购买。"等了好长时间，买家没有回信息。客服人员决定再次发出信息："亲，还在吗？"买家回信："你的回复太晚了，我讨厌等人。"在客服人员的一再解释下，买家拍了单，但在评价时却给了差评。

【情景分析】

客服人员在旺旺上与买家沟通时，一定要及时回复。现在是讲究极速的时代，没有人喜欢在不必要的事情上浪费时间。特别是在网上与买家沟通，买家的耐心是很有限的。如果客服人员不能做到及时回复，则很可能导致买家弃单。即使不弃单，也会给中差评。案例中的买家之所以会给差评，就是因为客服人员没有做到及时回复。如果客服人员能够在第一时间作出回复，则能提高店铺获得好评的几率。所以，客服人员要能够及时回复买家的信息，而且时间最好控制在 30 秒内。

【技巧展示】

技巧一：设置好自动回复

没有人能够做到每时每刻都立即回复买家的信息。在这种情况下，为了能够让买家不会感到被冷落，客服人员可以先设置好自动回复，以为自己回复提供时间上的缓冲。设置自动回复，要选择好语句。例如，"欢迎光临小店，请问有什么可以帮到您的呢？""感谢您的光临，×××为您服务，祝您购物愉快！"

技巧二：30 秒内要回复

实践证明，如果一位买家进入店铺咨询后在 30 秒内没有得到回复，就可能会走人，因为买家没有那么多时间等待。如果买家在发了问题后 30 秒仍不见回复，他就可能会看店里其他宝贝，或者跳到别家店铺去。所以，客服人员一定要在最短的时间内回复买家，最好能把时间控制在 30 秒之内。

情景 126 与买家沟通要热情

【情景再现】

客服小美在与买家进行沟通。

买　家：你家这款宝贝有什么特别的性能吗？

客服小美：有的，先生，这款宝贝的性能在它的介绍页面可以看到。

买家感到有些不悦，因为他想从客服小美的口中得知宝贝有什么特别的性能，而不是自己去查看。

买　　家：现在这款宝贝有优惠吗？

客服小美：先生，这款宝贝现在不优惠。

买家的不悦又增加了一点。本来不优惠已经让他感到有点儿不快，客服小美的回答方式更让他接受不了。他感受不到客服人员的丝毫热情，更没有感受到上帝的感觉，于是决定不再与客服沟通，而是直接拍单，确认收货后给了中评。

【情景分析】

顾客就是上帝。对于淘宝网店来说，买家就是上帝。要想让上帝高兴，就要用热情去打动他们。如果客服人员在与买家沟通的过程中不能满含热情地为买家服务，则很可能因为服务态度不好而让买家给予中差评。案例中的客服人员小美在与买家沟通时，就没有做到热情，而是机械地回复，最终导致买家在评价时给了中评。所以，不管是在交易前，还是在交易后，客服人员都应该拿出足够的热情。只有这样，才能尽可能地为店铺赢得好评。

【技巧展示】

技巧一：沟通过程中多使用能够表达热情的词语

客服人员与买家进行沟通，一般是在旺旺上进行，因而很难用语音、动作、微笑来表达自己的热情。这就需要客服人员在与买家沟通时多使用能够表达热情的词语，例如"亲""好的哦""您太有眼光了""哟""么么哒"等。买家可以从这些词语中感受到客服人员的热情，而这种热情能给买家带来好感，并让他们给店铺作出好评。

技巧二：多用旺旺表情

买家购买之前，客服人员要对买家热情；买家购买之后，客服人员还要保持原有的热情。而要保持这种热情，就要有热情的表达方式，多用旺旺表情则是其中一种重要的表达方式。客服人员要多用微笑、握手、憨笑、大笑、干杯、飞吻、拥抱等表情来表达自己的热情，这样做的好处是能给买家带来亲切感，能让买家感受到客服人员的热情，从而给予好评。

情景 127 耐心解答买家每一个问题

【情景再现】

一位买家在收到电压力锅后，对如何使用不是很了解，于是就向客服人员咨询具体的使用方法。

买　　家： 这款电压力锅怎么用，我不是很清楚。正常的功能可以掌握，但是有个开盖煮的功能不是很了解，为什么在使用时按大火收汁没有作用？

客服人员： 这款压力锅的使用方法，我们的产品说明书里都有啊，亲！

买　　家： 说明书不详细啊，只是说有这功能，没有说具体如何使用。

客服人员： 亲，可以去百度搜索一下啊！

买　　家： 你不能给我说一下吗？

客服人员： 我这忙着呢，没有时间，解释起来一两句也说不清楚，亲还是去问一下百度吧。

买家没有再询问，而是在确认收货、给予评价时给了个差评。

【情景分析】

客服人员在与买家沟通时，要做到耐心解答买家提出的每一个问题。只有保持足够的耐心，不管是在交易发生之前，还是在交易发生之后，才能让买家感受到客服人员的真诚，这种真诚可以促使买家给出好评。案例中的客服人员就是因为在回答买家的提问时缺乏耐心，最终导致买家给予了差评。我们从中可以看出，耐心解答买家提问具有很重要的作用。也就是说，要想为店铺赢得 100% 的好评，客服人员在面对买家的提问时要能够做到耐心解答。

【技巧展示】

技巧一：交易之前耐心解答买家的问题

有些买家特别能聊，不仅询问客服人员与宝贝有关的问题，还可能询问客服人员一些无关的话题。对于这种买家，客服人员一定要有耐心，要能够耐心地解答对方提出的每一个问题。如果客服人员表现得不耐烦，很可能就错失一单，或者给店铺带来差评。

技巧二：交易之后耐心解答买家的问题

有些买家在交易完成之后，也会询问客服人员与宝贝有关的问题，如宝贝的使用情况等。客服人员在解答买家的任何问题时，都要表现出自己的耐心，要用良好的心态和百分百的耐心对待每一位前来咨询的买家，真正做到让买家没有疑问，这样才能给店铺带来好评。

情景 128 面对买家抱怨不推诿

【情景再现】

"双十一"过后，一位买家找到他网购下单的卖家进行交涉。因为他在"双十一"当天拍了单，但两天过去卖家还没有发货。几经催促，淘宝网上才出现发货的标示与单号，但发货四天后仍一直查不到物流信息。买家就怀疑卖家是虚假发货，并抱怨卖家的物流速度太慢。

客服人员给出的解释有两个：一是他们已经发货，但物流公司由于"双十一"发货量巨大，可能没有发货；二是货物可能已经在路上，但由于物流公司的原因，具体的扫描信息没有出现在订单详情页面中。

对于客服人员作出的这两种解释，买家表示不可接受，因为客服人员把所有责任都推到了物流公司身上。买家感觉这样的卖家是不诚实的，也是在推脱自己的责任，于是在收到货物后直接给了差评。

【情景分析】

在淘宝购物的过程中，买家会因为对产品或者服务的不满而对卖家产生抱怨。客服人员如果能够妥善处理这些抱怨，则有可能为卖家带来好评；如果只是一味地推脱自己的责任，则可能惹恼买家，最终导致他们作出差评。案例中的客服人员在处理买家的抱怨时，把所有责任都推给了物流公司，让自己一干二净。对于有丰富淘宝购物经验的买家来说，这无异于引火烧身。他们不会因为客服人员对责任的推脱，而相信客服人员的说辞。所以，买家在收到货物后直接给了差评。这就说明，面对买家的抱怨时，客服人员不要推诿，而要敢于承担责任，以平息买家的抱怨，赢得他们的好感。

【技巧展示】

技巧一：主动承担责任

不论买家是对产品产生抱怨，还是对服务产生抱怨，客服人员都不能推诿，而要敢于承担责任，告诉买家这都是自己的错误，并承诺一定会作出改变。这种主动承担责任的做法，能让买家感受到客服人员在处理他们的抱怨时，态度是真诚的，因而能最大限度地消除他们的抱怨。

技巧二：积极引导买家作出好评

买家在产生抱怨的情况下是很难给予好评的，这就需要客服人员在承担责任后作出引导。具体的引导方式，可以是向买家承诺自己今后一定会改变，会为其提供更好的服务；也可以是承诺买家给好评能够获得怎样的好处，如全5分送彩票、一定程度的返现等。

第九章

电话沟通

第一节　语音技巧

情景 129　发音要清晰

【情景再现】

　　一家淘宝网店的客服人员与买家电话沟通。由于这名客服人员文化程度不高，而且是新上岗，这次沟通并不顺利。这位客服在说话时声音不响亮，就好像是喉咙里含着东西，还有浓重的乡音。也由于事先没有组织语言，再加上紧张，整个沟通过程磕磕绊绊。虽然说了好久，但是买家没有听清这位客服想要表达什么意思。客服人员还要继续说下去，但买家已经没有了继续听下去的兴趣，撂下一句"需要练习一下说话了"就挂了电话。

【情景分析】

　　作为淘宝客服人员，跟买家进行电话沟通很重要。而要想电话沟通取得良好的效果，客服人员首先就要做到发音要清晰，从而准确地向买家表达自己的思想。相反，如果客服人员说话含糊不清，就会让买家产生一种本能的抵触情绪。案例中的客服人员就是由于发音不够清晰，而导致买家的厌烦。所以，客服人员一定要改掉发音含糊的不足，做到口齿清晰。

【技巧展示】

技巧一：使用普通话

淘宝客服人员与买家沟通时要说普通话，而非方言。如果沟通对象是老乡，客服人员则可以采用家乡话来沟通；如果不是老乡，就最好不要使用对方有可能听不懂的方言、土语。这样做不但会让买家听不清自己所说的是什么，还会让买家认为这是客服人员对他的不尊重。所以，客服人员在说话时要多说普通话，尽量做到口齿清晰、发音标准、字正腔圆，不要读错音、念错字，这样才能取得良好的沟通效果。

技巧二：沟通之前先组织好语言

一些客服人员在与买家进行电话沟通时，由于心情紧张等原因，会因为急于表达自己的意图而忽视自己的表达方式。在一些客服人员身上经常可以看到的现象是，越是慌慌张张地表达自己的意图，就越是错误百出，与买家沟通起来就越吃力。之所以出现这样的现象，是因为客服人员在与买家沟通之前没有组织好语言。因此，客服人员在与买家沟通之前，要先组织好语言，才能清晰地表明自己的观点。

情景 130 说话音量要适中

【情景再现】

客服柳儿是一家运动服饰专卖店的客服人员，应店主要求，她就售后问题与买家进行了电话沟通。然而，沟通效果并不理想。这主要是由柳儿的性格决定的，柳儿是那种性格比较急躁的人，所以在沟通过程中音量总是很大。这让买家十分不悦，买家多次提醒柳儿小点儿声，柳儿暂时能控制，但是几句话之后，音量又不自觉地提了上去。买家很不高兴，告诉柳儿如果再不能控制音量就要挂电话。柳儿意识到了事情的严重性，就把声音尽量地压低。但问题又出现了，由于音量过低，买家听不清她要表达什么。最终，买家没有了耐心，直接挂掉了电话。

【情景分析】

在电话沟通的过程中，客服人员讲话时的音量起着非常重要的作用。一些客服人员认为语言的威慑力和影响力与声音的大小成正比，他们认为只要说话的声音足够大就能说服买家。这种观点是错误的，因为声音过大只会引起买家的反感。客服柳儿在与买家沟通时，就是没有调整好音量，开始时是声音过大，后来又是音量过低，两种不合适的音量让买家感到厌烦，直接挂掉了电话。所以，淘宝客服人员要注意调整好自己的音量，以客户能够接受、认可的限度为准。

【技巧展示】

技巧一：说话的音量不要过大

客服人员在与买家电话沟通时，音量不能过大。过大的音量会使买家听起来刺耳，给人一种缺少涵养的感觉，买家也就会对客服人员产生抵触心理。在如此心理的支配下，客服人员就很难取得预期的沟通效果。

技巧二：说话的音量不要太小

客服人员在与买家进行电话沟通时，说话的音量也不能太小。音量太小，不但会让买家听不清，还会给买家带来一种不自信的感觉。因此，客服人员在说话时，要尽量保持语调的柔和，声音不可过低。这样才能增强语言的表现力和感染力，促进沟通取得良好的效果。

情景 131 说话语气要温柔

【情景再现】

客服小珊在一家淘宝网店工作，她以声音甜美、沟通能力强而备受店主的喜爱。这次，她要与一位对在店铺所购买的宝贝不太满意的买家进行沟通。

客服小珊：先生,您好！我是×××网店的客服小珊,很高兴与您进行这次交流,希望我的服务能让您满意！（语气十分温柔）

买　家：哦，你就是×××网店的，这么快就找上门来了，我正说给你们打电话呢。你们的衣服……啧啧啧！（生气中带点嘲笑）

客服小珊：先生，我对我们的衣服给您造成的不便致以万分的歉意！我就是来为您解决问题的，我们免费帮您换一件怎么样？如果不行的话，您可以建议一种处理方式哦！（声音甜美且温柔）

买　家：我也不想为难你们，就换一件吧。另外，你的声音很好听哦，说话让人听起来也很舒服、很温柔！（买家态度缓和）

客服小珊：嘿嘿，谢谢您的夸奖，我们会在第一时间给您发货，欢迎再次光临小店！

【情景分析】

没有人不喜欢温柔的语调，温柔的语调能给人一种如沐春风的感觉，让人心情舒畅。如果在与买家进行电话沟通的过程中，客服人员能够做到语调温柔，那么就能感染买家，让买家顺着自己的思路走。客服小珊之所以能够成功与买家沟通，就是因为她在沟通时做到了说话温柔。所以，淘宝客服人员在与买家进行电话沟通时要尽量做到说话温柔，以温柔的说话方式来感染买家，从而让买家接受自己提出的要求。

【技巧展示】

技巧一：语调要表现出真诚

客服人员与买家通话时的语调很重要，买家会根据声音来判断客服人员的精神面貌和身体形象。客服人员要做到温柔，呈现出真诚，决不能用烦躁或带有侵犯性的语调说话，否则只会让正在沟通的买家不悦。真诚的语调是不急躁的，是赏心悦目的。客服人员要时刻站在买家的角度来组织语言，掌控语调，以此来打动买家。

技巧二：语调要足够柔和

音色甜美，声音要富有磁性和吸引力，每个人都喜欢听。但嗓音是天生的，并不是所有人都具有这样的先天条件。先天条件不足，可以后天弥补，客服人员在说话时语调要足够柔和。而要做到语调柔和，客服人员就要恰当把握轻重缓急、抑扬顿挫，只有如此才能让买家喜欢。

情景 132 善于运用停顿

【情景再现】

一家淘宝网店的两位客服人员与买家通过电话沟通售后问题，然而两者收到的效果却大相径庭。产生不同效果的关键性因素，主要是说话过程中的停顿。第一位客服人员在与买家沟通时一直不停地说话，很少顾及买家，而且语速还非常快。这让买家感觉到被冷落，干脆直接挂掉了电话。而第二位客服人员在与买家沟通的过程中，每过一分钟就会停顿一下，然后问买家是否在听，有什么疑问和建议。这种沟通方式激起了买家的兴趣，让买家有了存在感。最终，第二客服人员成功解决了买家的问题，提升了买家对店铺的评价。

【情景分析】

如果客服人员在与买家沟通时说话不停顿，一直不停地说下去，直到谈话结束，定会给对方带来不好的感受。因此，客服人员要善于恰当运用停顿，以更有效地吸引买家的注意力，促进沟通的顺利进行。案例中的两位客服人员与买家进行沟通，之所以取得了不同的效果，就是因为一位善于停顿，一位却在说话时不懂得停顿。所以，淘宝客服人员在与买家进行电话沟通时，要不时地停顿一下，以吸引买家的注意力。

【技巧展示】

技巧一：一分钟一停顿

淘宝客服人员在与买家沟通时，要做到一分钟一停顿。停顿间隔太短，会割裂说话过程，起不到表情达意的效果；停顿间隔太长，就不知道买家是否在听，也不知道买家听了你说的话后究竟有什么反应，同时还会让对方产生拖沓的感觉。一分钟一停顿则能既不显得拖沓，又能吸引买家的注意力。所以，客服人员在与买家进行电话沟通时要能够做到一分钟一停顿，以确保整个沟通顺利进行。

技巧二：停顿中要发问

如果买家在沟通过程中处于无声状态，客服人员就不知道他是不是在听。此时，客服人员要在说话停顿的间隙发问。一是要问问对方是不是在听，例如"亲，您听懂了吗？""亲，您听明白我说的话了吗？""亲，您理解了吗？"二是要问买家还有什么要求，例如"亲，您还有什么要补充的吗？""亲，您还有什么建议吗？"在沟通中停顿不是目的，目的是要吸引买家的注意力，这就需要客服人员在停顿中适时发问。

情景 133 语速与买家一致

【情景再现】

客服小萌在与一位给了自己店铺差评的买家进行沟通。在正式沟通之前，小萌特意查看了电话沟通方面的相关技巧。特别是语音、语速方面，小萌看得非常仔细，并且做到了胸有成竹。

电话沟通开始了，小萌按照自己记忆的沟通技巧来与买家沟通，特别是在语速方面控制得非常好，做到了适中，不紧不慢。但是，买家在沟通过程中说话的速度很快，并且一直提示小萌说话快一点儿。

小萌很纳闷，自己明明是按照最合适的电话沟通语速来说话的，为什么买家要让自己快点儿？小萌一时紧张起来，也由于紧张而漏洞百出。可想而知，这次沟通的效果是糟糕的。

【情景分析】

客服人员在与买家进行电话沟通时，保持合适的语速非常重要。语速太快，容易让买家听不清楚；语速太慢，也会给买家造成不好的感觉。所以，客服人员要具备可以控制语速的能力。一般情况下，语速保持在 120 ～ 140 字 / 分钟比较合适。但是，客服人员还要根据不同的买家而相应地加快或减慢语速，这样才能取得良好的效果。客服小萌就是因为没有做到根据买家的性格来调整自己的语速，从而让沟通达不到预期的效果。所以，淘宝客服人员要善于根据不同的买家来调整自己的语速，做到与买家保持一致的语速。

【技巧展示】

技巧一：对于急性子的买家，语速要加快

虽说电话沟通要保持合适的语速，要做到不快不慢，但是对于一些急性子的买家来说，语速太慢会让他们觉得断断续续、有气无力。所以，如果买家是个急性子的人，客服人员在电话沟通时要适当加快自己的语速，做到与对方的语速基本保持一致。

技巧二：对于慢性子的买家，语速要减慢

有一些买家是属于慢性子，客服人员在与这类买家进行电话沟通时，要适当减慢语速。因为语速过快，会让他们感到焦躁心烦。如果让买家产生了这样的心理，客服人员则很难让他们好好听自己说话，并取得预期的沟通效果。

技巧三：对于年龄高的买家，语速不能过快

年龄高的买家由于年龄方面的原因，他们不喜欢听快言快语。如果客服人员语速过快，则很难令他们充分理解自己的意图。因此，与年龄较高的买家进行电话沟通时，客服人员要保持较慢的讲话速度，与他们说话的语速保持一致，以便他们能准确理解自己的意图。

第二节　说好开场白

情景 134　直接表明自己的身份

【情景再现】

情景一：

客服小杜：喂，您好，是李先生吗？

买　　家：是啊，你是哪位？

客服小杜：您是不是在三天前买过一个水杯？

买　　家：是啊，你怎么知道的，你是？

客服小杜：这个水杯是不是在×××小店买的？

买　　家：你到底是谁？不说我就挂电话了！

情景二：

客服小常：您好，是李先生吗？

买　　家：是的，你是？

客服小常：我是×××网店的客服小常，来与您沟通一下和您拍单相关的事情。

买　　家：哦，好的，咱们可以聊聊。

【情景分析】

　　有些客服人员在与买家进行电话沟通时喜欢绕来绕去，这种做法是非常不明智的。每个人的时间都是宝贵的，没有人喜欢浪费他人时间的人。如果客服人员能够在买家接通电话的第一时间告诉他们自己的身份，则能让买家在第一时间知道自己是干什么的，给他打电话的目的是什么，同时也能让他们产生"这个客服人员很自信"的想法。如果客服人员只是绕来绕去而不直接表明自己的身份，则很可能导致买家的厌烦，甚至是恼怒。客服小杜就是犯了这样的错误，所以让对方很生气。而小常做得就比较好，为他的电话沟通创造了良好的开始。

【技巧展示】

技巧一：告诉对方自己的身份

　　客服人员在与买家沟通时，要第一时间亮出自己的身份。这样就能够让买家在第一时间得知给自己打电话的人是谁、打电话的目的，以及对客服人员作出初步的判定。直接亮明身份，会让买家感受到客服人员的坦诚，会觉得客服人员很干脆利落，这无疑对整个沟通效果是非常有利的。而且，直接亮明身份，还能起到消除买家顾虑的作用。买家不用费尽心思去猜这个人是干什么的，从而节省了沟通的时间，让买家感到顺心。

技巧二：亮出自己店铺的名字

客服人员除了要直接表明自己的身份外，还要告诉买家自己店铺的名字。这样就能让买家在第一时间想起自己和这个店铺的关系，是不是在这个店铺买过东西，以及对这次交易是如何评价的。买家在思考这些问题时，会对如何应答客服人员的提问而有所准备。这是他们喜欢的感觉，不会因为措手不及而心生厌烦。亮出店铺的名字，还能给买家创造一种先入为主的意识，让买家的思维时刻都能围绕着店铺转，这无疑能够加强沟通的效果。

情景 135　寒暄拉近距离

【情景再现】

客服小良：您好，是李先生吗？

买　　家：是啊，你是谁？

客服小良：我是×××网店的客服小良，您前天在我们店里购买了一套实木沙发，是吧？

买　　家：是啊，怎么了？（语气中有点儿抵触）

客服小良：看来您是一个特别喜欢木制家具的人，想必您喜欢的也是那种欧式的装修风格。

买　　家：是啊，我特别喜欢欧式的装修风格，我两套房子装修都是欧式风格的。欧式的装修风格会给我带来欧洲般的居住享受，实际上我一直希望能在欧洲生活。（语气变得欢快、温和）

客服小良：您真有品位，咱们店铺最近引进了一批欧式风格的家具，同时也在
搞活动，您可以来看看。

买　　家：是吗？我房子还缺少一个书柜，有欧式的吗？

客服小良：有啊，有几款书柜都是欧式的，准保您会喜欢！

买　　家：是吗？一会儿我去瞧瞧。

【情景分析】

要想与买家的电话沟通能取得良好的效果，关键是客服人员要能激起买家的兴趣，而寒暄就是能激起买家兴趣的一种重要手段。寒暄能够拉近客服人员与买家的距离，营造良好的沟通氛围，同时也有助于激发买家的需求。客服小良在与买家沟通时，运用的就是寒暄的做法。他从房子的装修风格说起，激起了买家交谈的兴趣，提高了买家购物的几率。这就告诉客服人员，要懂得通过寒暄来激起买家与自己交谈的兴趣，从而促进沟通的顺利进行。

【技巧展示】

技巧一：选择买家感兴趣的话题

要想通过寒暄取得预期的沟通效果，客服人员就要谈论买家感兴趣的话题，可以以买家购买的产品为切入点。例如，和购买母婴用品的买家谈孩子，和购买化妆品的买家谈护肤，和买篮球的人谈 NBA 等。买家买什么，就证明了他们喜欢什么、需要什么。客服人员从这点出发，定然能激起买家交谈的兴趣，最大限度拉近自己与买家之间的距离，从而对整个沟通具有很大的促进作用。

技巧二：寒暄的时间不要太长

打电话的目的不是寒暄，寒暄只是为了拉近彼此的距离。所以，客服人员与买家寒暄的时间不宜过长，要控制时间长度，能够营造出适合交谈的氛围即可。否则，如果客服人员长时间不切入主题，很可能让买家感到厌烦，如此就很难达

到沟通的目的。因此，在与买家进行寒暄时，客服人员一定要把握好时间，一般把寒暄的时间控制在三分钟之内为最佳。如此既能调动买家沟通的兴趣，又能促使买家接受自己的意愿。

情景 136 运用礼貌用语

【情景再现】

客服甲：你说我们是虚假发货？！（质问的语气）

买　家：是！要不怎么显示已发货却查不到物流信息？（买家很生气）

客服甲：我跟你说，这种事情没有证据就不要瞎说，这样是不负责任的！（谴责的语气）

买　家：你这是什么态度啊？再这样说的话就不是给差评了，我还要投诉！（买家大怒）

客服甲：投诉去吧，你这种人简直不可理喻！（依旧谴责）

　　客服乙走过来，抢过客服甲的电话，与买家聊了起来。

客服乙：您好！对不起，刚才打电话的是我的同事，他是新来的，很对不起他这样跟您说话！我是×××，我来为您服务。（语气温和亲切）

买　家：刚才那个客服是什么态度啊？！（买家怒气未消）

客服乙：真的对不起！我们一定批评他。您是不是认为我们虚假发货啊？（说话很有礼貌）

买　家：是这样的。

客服乙：您的顾虑是有必要的，但是我们绝对没有虚假发货。您之所以没有查到快递信息，是因为快递公司出货慢，没有扫描快递单信息。这不是"双十一"吗，他们的运送压力大，请您理解。（语气温和，态度诚恳）

买　家：哦，我明白，早这样说不就得了。（语气开始变得平和）

【情景分析】

没有买家喜欢说话不礼貌的客服。客服人员与买家打电话沟通是为了解决问题，如果说话不礼貌，非但不能解决问题，还会让买家愤怒，这是不利于沟通的。对比客服甲与客服乙的做法，我们可以得知，要想让电话沟通取得良好的效果，客服人员就要做到时刻运用礼貌用语。将礼貌用语时刻挂在嘴边，是淘宝客服人员应该具备的最基本的意识，也是赢得买家好感、最终解决问题的必要条件。

【技巧展示】

技巧一：多使用敬语

敬语，就是指对说话对象表示尊敬的语言。客服人员在与买家沟通时，要多使用敬语。打电话要以"您好"开头，在沟通过程中表示歉意时要说"对不起""很抱歉""请原谅""请理解"，在对方给予支持、理解时要常说"谢谢"，在交谈结束时要说"再见"。这些敬语会让买家感到心情愉悦，从而促进沟通取得预期的效果。

技巧二：多使用谦语

谦语是表示自谦的语言，与表现自高自大的语言相对应，包括"很高兴为您效劳""很高兴为您服务""太客气了""请谅解""请原谅"等。客服人员时刻运用这种自谦的说法，会让买家感受到被尊重，从而能极大地促进沟通的顺利进行，并取得预期的效果。

情景 137 说话简洁明了

【情景再现】

一位买家在一家淘宝店铺买了一款手机，但存在质量问题，根本开不了机。买家很生气，不但给了差评，还投诉了卖家。客服小羽想通过电话与买家沟通。

小羽是一个非常健谈的人，平常也喜欢天南海北地胡吹。在与买家沟通时，小羽又犯了这样的毛病。他以为依靠自己的三寸不烂之舌可以说服买家，于是啰嗦了一大堆话却始终不进入主题。买家很厌烦，没有多说话就直接挂掉了电话。于是，客服小刚接替了小羽的任务。

小刚在与买家沟通时没有啰嗦，而是直奔主题。但是，小刚在说话时喜欢用长句子，这让买家感到很不快。最终，沟通也是无果而终。

【情景分析】

电话沟通时，说话简洁明了，才能让对方认真听你的话，也可以使对方感觉亲切。所以，客服人员在与买家沟通时，切忌话中有话、含糊不清，更不要啰啰嗦嗦却始终不进入主题。案例中的两位客服人员在与买家沟通时，就没有做到简洁明了。小羽是啰嗦，小刚则是不懂得断句。这两种说话方式都会给买家带来不好的感觉，沟通自然也就很难达到预期的效果。我们从中可以看出，说话简洁明了对于加强沟通效果具有很重要的作用，客服人员要善于用最简洁的话来表达自己的意思，以便买家能够尽快理解自己的意思。

【技巧展示】

技巧一：想好沟通内容，直奔主题

由于电话具有收费、容易占线等特性，无论是打出电话还是接听电话，客服人员在与买家沟通时都要长话短说。除了必要的寒暄客套之外，客服人员一定要少说与业务无关的话题，不要啰嗦一大堆话不进入主题。只有尽快进入主题，买家才能愿意与客服人员交流，而不是说两句就不想说了。因此，客服人员要明白直奔主题的好处，要时刻按照开场白的原则来与买家沟通。

技巧二：尽量使用简短的句子

要做到说话简洁明了，就要尽量使用简短的句子。也就是说，客服人员在说话时要把握好语句长度，不要使用复杂句型，尽可能地用简单句与买家沟通。简短的句子更容易让买家听懂，使对方最快抓住你想表达的思想。客服人员说简短的句子，还可以让买家的心情不至于烦躁，从而让沟通可以顺利地进行。所以，客服人员在与买家沟通时要多说短句，要善于把长句子分割成若干个短句子来阐述。

情景 138 态度要热诚

【情景再现】

客服甲：您是说在我们店买的打印机出问题了，是吧？

买　家：是啊，打出来的东西模糊。

客服甲：您什么时候买的，还在不在保修期内？

买　家：才买了两个月，在保修期内。

客服甲：我们的打印机质量是非常好的，一般不会出现这样的问题的。是不是您操作不当啊？（质问的语气）

买　家：我是严格按照使用说明操作的。

客服甲：那我就没办法了，我又不是搞维修的，您还是自己多试试吧。（无奈的语气）

买　家：你怎么说话的？我要投诉你们！（买家开始生气）

客服乙立刻抢过来电话。

客服乙：您好！我是客服人员×××，刚才我同事那样说话，真的很抱歉，我们会批评他的。现在由我来为您服务，好吗？（语气充满热情）

买　家：哼！正打算投诉你们呢，你那个同事说话太难听了！

客服乙：真的对不起！请问是不是您的打印机出了问题，是不是墨盒里墨太少了？

买 家：不是，墨盒满满的。

客服乙：先生，不要着急，我们会第一时间派维修人员上门为您维修。

买 家：这还差不多。（语气变得缓和）

【情景分析】

客服人员在与买家进行电话沟通时，要把每一位买家都当做生命中的贵人，认真对待，热诚服务。没有人喜欢说话冷漠、没有礼貌的人，买家更是如此。通过客服甲与客服乙的不同表现，我们就可以看出，在说话时能否做到热诚直接决定了沟通的效果。所以，客服人员在与买家沟通时要时刻做到热诚，以热诚来打动买家，才能达到自己想要的目的。

【技巧展示】

技巧一：不推脱买家的要求

没有人喜欢被他人拒绝，被人拒绝定然会产生不好的感受。当买家提出要求时，客服人员即使做不到，也要尽可能地表现出自己在全力以赴，尽自己所能为买家解决问题。这样就能让买家产生一种被尊重的感觉，从而赢得他们的认可。当然，不推脱买家的要求，并不是说要答应买家的一切要求。对于买家提出的一些不合理要求，客服人员要采用委婉的方式予以拒绝，让买家在受到拒绝后也不至于生气。

技巧二：表现出积极主动

服务热诚的重要表现之一，就是积极主动。客服人员要向买家表现出积极主动，以赢得买家的好感。例如，告诉买家"很高兴为您服务""为您解决问题是我的荣幸""我会尽一切努力为您解决问题"等。积极主动能让买家感受到客服人员时刻都在为他着想，都在为他提供最优质的服务，也能够让客服人员在沟通中占据主动优势。

第三节 ● 促成交易的语言表达

情景 139 避免使用负面语言

【情景再现】

情景一：

买　家：要想让我更改评价也可以，除非你们能给我重新发一个同类的产品！
（语气很坚决）

客服小高：亲，您的要求我不能满足！（语气同样坚决）

买　家：你不能？你的意思是要拒绝我了！（开始生气）

客服小高：我想我做不了。

买　家：呵呵，做不了？那咱们还聊什么！（买家大怒）

情景二：

买　家：我可以更改评价，但是你们要给我同等价格的赔偿！（语气很坚决）

客服小贾：亲，我会尽我最大的能力去帮助您，我能为您做的就是赠送咱们小
店一些精美的礼品。我也很愿意满足您的要求，可咱店小利薄，还
望您高抬贵手！（哀求的语气）

买　家：行吧，礼品也可以，不过分量要足哦！（态度开始转变）

客服小贾：亲，放心哦，肯定给您最有价值的礼品。

【情景分析】

　　客服人员在与买家进行电话沟通时，尽量不要使用负面语言。负面语言

会产生负面效果，甚至会让买家产生厌烦、抵触的心理。客服小高、小贾与买家沟通，之所以取得不同的结果，就是因为语言方面存在差别。小高在与买家沟通时使用更多的是负面语言，而小贾则与其相反。所以，客服人员在与买家沟通时要多使用积极语言，以让买家感到心情不畅，从而愉快地交易。

【技巧展示】

技巧一：少说"我不……"

客服人员在与买家电话沟通时，要少说"我不能""我不会""我不愿意""我不可以"等负面语言。这些语言会让买家的注意力集中在"为什么不能""凭什么不能"上，因而对引导买家的思维产生很不利的影响。如果真要表达这方面的意思，客服人员可以说"我们能够帮您做……""我们能为您做的是……"，这样就避开了跟对方说"我不……"。不说"我不……"，能让买家感受到没有被拒绝，能让他们保持平和愉悦的心情，从而促使他们拍单。

技巧二：少说"但是"

客服人员在与买家进行电话沟通时，应该少说"但是"。因为"但是"的前面是肯定，而后面紧跟着的就是否定，这会给买家造成一种心理上的落差，很不利于沟通的顺利进行。如果客服人员一定要否定买家的意愿，就可以选择除了"但是"之外的其他表达方式。

情景 140 常用刺激消费用语

【情景再现】

买 家：你家那款红色的手机看起来不错哦！

客服小刘：亲，您说的是在做促销的那款吧？

买 家：是啊。

客服小刘：那款手机确实非常不错，手感非常好，颜色也很正，是一款非常时

尚的手机。亲，这款手机正在促销哦，价格是您想都不敢想的。先

到先得，只有 10 部啊！亲要是需要的话，要尽早入手。

买　　家：是吗？那我赶快去你们店拍单！

客服小刘：感谢亲对小店一贯的支持，小店会为您提供最好的产品和服务！

【情景分析】

刺激是一种心理现象产生的方式，即刺激物施加于感知器官的影响。人们的一切社会活动，都是客观现实对大脑作用的结果，都是通过刺激—思维—判断—反应的结果。买家受到相应的刺激，便会产生某种购物需求，从而采取购买行动。刺激越多，需求越大，买家拍单的可能性也就越大。我们从案例中可以看出，刺激消费用语对买家是否拍单具有很重要的影响力。客服小刘在与买家沟通时，先是利用手机本身的特点来刺激买家，然后以优惠再次刺激，最终让买家作出了拍单的决定。所以，客服人员要想让买家乐意购买，或者再次购买，就要在沟通时常使用刺激消费用语。

【技巧展示】

技巧一：常说"促销活动"用语

每一家店铺在固定的时间都会搞促销活动，客服人员在与买家沟通时，要把店铺产品或服务的促销信息传递给买家，并且要把促销的力度之大形象地描述出来。例如，"想都想不到的折扣""让人惊叫的价格""秒杀""五折清仓"等。这样就能对买家产生冲击力，刺激他们的消费行为。运用"促销活动"用语的最大好处是调动买家的消费积极性，让他们在出现犹豫时可以下定决心。所以，客服人员要善于运用这类语言刺激买家，让他们产生下单的欲望。

技巧二：阐明买家可以得到的好处

买家拍单，就是为了得到某方面的利益，如产品本身对他带来的好处。因此，客服人员要善于把产品和服务对买家产生的好处形象地描述出来。例如，如果是卖保健品，客服人员可以告诉买家能够得到健康；如果是卖衣服，客服人员可以以时尚、漂亮、保暖为出发点，向买家进行阐述。没有人会对好处无动于衷，当客服人员把这种好处毫不保留地表述出来时，定然能在一定程度上刺激买家的购物欲望。

情景 141 运用说服式词语

【情景再现】

买　家：我为什么非要选择你家这台笔记本电脑？（疑问语气）

客服小陈：亲，这是一台运行速度非常快的电脑。当您使用这台电脑时，它会大大提高您的办事效率，并给您带来最好的效果。有了它，您的工作将会更加出色！

买　家：其他电脑也能达到这样的效果啊！（不耐烦的语气）

客服小陈：亲，咱家这台电脑现在正在做活动哟。让我们来看看，您要是今天拍单能够得到哪些额外的优惠。一是电脑包一个，二是无线鼠标一个，三是屏幕清新剂一套。如果是单独购买的话，这些需要 400 多元哦！（描述很真诚）

买　家：看起来确实不错，我可以去拍单。（买家被说服）

【情景分析】

对于淘宝客服人员来说，掌握与买家电话沟通的说话技巧是非常重要的。促使买家下单的关键，就是客服人员在交谈过程中能说服买家、打动买家。因此，经常使用说服式词语，会对促使买家下单和解决问题起到很大的推动作用。客服小陈在与买家沟通时运用的就是说服式词语，他首先使用"当"来告诉买家购买这台电脑可以给买家带来的好处，然后用"我们来"告诉买家现在购买这台电脑所拥有的优惠。最终，这种说服性的方法促使买家尽快作出了决定。

【技巧展示】

技巧一：常用可以激起买家好奇心的词语

如果在与买家进行沟通时，客服人员能够经常使用激起其好奇心的词语，则能够起到良好的说服效果。所以，客服人员要经常说"如何"，如"想不想看看这款产品如何做到了时尚""想不想知道这个宝贝是如何制作的"等。除此之外，客服人员还要经常说"卖疯了""月销千件""淘宝销售冠军""镇店之宝""疯抢"之类的词语，以此来勾起买家的好奇心。

技巧二：常用说服式的语句

客服人员还要善于运用说服性的语句。例如，常说"当……"而不是"假如"，常说"我们来……"而不是"你可以……"等。这些说服性的语句可以让买家切实感受到购买给他们带来的实惠，可以让买家感觉客服人员是与他们站在同一战线的，因而对促进与买家沟通获得良好效果具有很大的推动作用。

情景 142 善用引导催促用语

【情景再现】

买　家：今天在你们店看到了一款黑色格子布的羽绒服，看起来挺不错的！

客服小程：美女，您太有眼光了，这款羽绒服是我们店最畅销的一款！（赞赏性的语气）

买　家：我还要再考虑一下。

客服小程：美女，您还要考虑什么呢？是价格方面的原因吗？

买　　家：嗯。

客服小程：忘了告诉您，我们这几天正好在搞促销，优惠很大的噢！

买　　家：是吗？！（语气中带着兴奋）

客服小程：是的，美女！咱们这款羽绒服优惠是有限的，库存仅仅10件哦。亲是喜欢黑色的，还是白色的？

买　　家：黑色的不错。（开始决定拍单）

客服小程：亲，那款黑色的确实不错，现在仅剩两件了，要抓紧拍单哦！

买　　家：好，我马上拍。

【情景分析】

客服人员如果想通过电话沟通的方式让买家拍单，就要善于运用引导催促性的语句。引导催促性语句能带给买家持续性的购物刺激，最终让买家拍单。客服小程在与买家沟通时，就是通过不断运用引导催促性的语句逐步让买家下定拍单决心的。首先，小程称赞买家很有眼光，然后在买家对价格存在顾虑时又向其说明产品在搞促销，并且库存有限，催促买家赶快拍单。这种不断运用引导催促性语句的说服方式取得了良好效果，买家最终决定拍单。

【技巧展示】

技巧一：善用夸赞性的语句

运用夸赞性的语句，也是促使买家下单的重要方式之一。当买家看上一款产品时，客服人员可以称赞买家"有眼光"。这种夸赞会让买家感觉自己的选择是对的。除了夸赞买家之外，客服人员还可以夸赞买家看中的产品。例如，"这个宝贝是销量最好的""这款产品是卖得最好的""这款产品颇受×××喜欢"等。客服人员夸赞买家看中的产品，能让买家意识到自己看中的产品是值得购买的。

技巧二：善于运用给买家造成压迫的语句

客服人员还要善于运用能给买家造成压迫的语句，可以告诉买家产品在搞优惠，并且优惠是有限的，以催促买家拍单。例如，告诉买家"不要错过这个机会哦，点击立即购买，宝贝就是你的啦""这是最后一件了哦，要买得赶紧了"等。客服人员这样的表达，就会给买家以心理上的压迫，最终促使其下单。

情景 143 尊重买家的观点

【情景再现】

买　家：我感觉你们应该选择×××快递公司送货。

客服小秋：呵呵，亲，我家这个宝贝已经包邮了，您就不要挑三拣四了。如果您是店铺老板，您会在包邮的情况下选择较贵的快递方式吗？依您所说的，我们还赚什么？岂不是要去喝西北风！（嘲笑的语气）

买　家：我只是建议一下，你说那么多干什么？我又没有强迫你们做什么！（开始生气）

客服小秋：您这要求还不多啊？干脆您来我们店干吧！（指责的语气）

买　家：你这是什么态度？我又不是来和你吵架的！（大怒）

客服小秋：您这样的买家咱们伺候不起啊！（依旧嘲笑）

买　家：那好，你去伺候你能伺候得起的买家吧！像你这样不尊重买家，什么时候都别想干好淘宝！（暴怒的语气）

【情景分析】

买家在与客服人员沟通时，有时会对产品和服务提出自己的看法，或者提出相关的建议。如果遇到这种状况，客服人员要理解并尊重买家的思想和观点。

如果客服人员在交谈过程中不能做到尊重，就会惹恼他们。客服小秋在与买家沟通时，就是由于没有做到尊重而惹恼了对方，最终让交易以失败而告终。我们从中可以看出，尊重买家的观点对于与买家的沟通能否顺利进行具有很重要的作用。因此，尊重买家的观点，也是每一位客服人员在与买家进行沟通时应该把握的原则。

【技巧展示】

技巧一：肯定买家的观点

当买家提出自己的观点时，不管观点是对还是错，客服人员都要积极予以肯定。客服人员可以说，"您真有见识""您的眼光真是独到""您说得很对"等。如果买家提出的观点确实是错误的，客服人员在予以肯定之后，要委婉地说出买家观点的错误之处。这样就既不会得罪买家，也能让买家接受自己的说法。

技巧二：不要质问买家

客服人员在与买家沟通时，切忌以质问的方式与对方交谈。用质疑或者审讯的口气与买家谈话，是客服人员不懂礼貌的表现，也是不尊重买家的反映。而且，这种口气最容易伤害买家的感情和自尊心，更难赢得买家的青睐与赞赏。所以，客服人员要保持平和、友好、尊重的态度与买家进行沟通，才能达到预期的效果。

情景 144 表示敬慕

【情景再现】

情景一：

客服小四：李先生，听说您是大学教授？

买　　家：是啊，我是×××大学文学院的教授。

客服小四：真羡慕您！您是一位知识渊博的人，我一向都非常敬佩有学识的人，

特别崇拜有文化的人！（语气中充满崇拜）

买　　家：哈哈……我是从小就特别喜欢文学，所以就干了这一行。（开心的语调）

客服小四：我这辈子是做不成文人了，但愿下辈子能像您一样做个文人！

情景二：

客服小熊：亲，看您拍下的宝贝，就知道是为您女朋友买的。是不？

买　　家：是啊，我女朋友生日。

客服小熊：真羡慕您女朋友，有您这么一个疼爱她的男朋友！您也一定是位非常有爱心、非常负责的好男人！

买　　家：嘿嘿……（开心的语调）

客服小熊：我要有那么一个疼我的男朋友就好了！

买　　家：会遇到的。

……

【情景分析】

　　客服人员在与买家进行电话沟通时，要能够激起对方的交谈兴趣，而向买家表示敬慕就是一种比较有成效的手段。没有人不喜欢他人的恭敬，在电话沟通中同样也是如此。客服小四与小熊在与买家沟通时，就运用了这种激起对方交谈兴趣的方式。小四通过赞赏买家知识渊博来赢得对方的好感，小熊则通过表示敬慕买家的女朋友漂亮、敬慕对方有责任来赢得对方的好感。两种方式都取得了良好的效果，使沟通能够顺利进行下去。

【技巧展示】

技巧一：表示敬慕要因人而异

　　在电话沟通的过程中，盲目地敬慕不但不能赢得对方的好感，还会让对方感到厌烦。因此，表达敬慕时要因人而异。也就是说，客服人员在表达敬慕时要根据对象的不同而选择不同的语言。例如，如果买家是科学家、文学家，客服人员则可以夸赞他们知识渊博；如果是教师，则可以夸赞他们是辛勤的园丁；如果是医生、护士，则可以夸赞他们是白衣天使。

技巧二：表示敬慕要掌握好分寸

虽然向买家表示敬慕能够取得良好的沟通效果，但客服人员一定要要掌握分寸，恰到好处，不能胡乱吹捧。客服人员表达对买家的敬慕时要显得自然，不能让对方看出是故意为之，更要少说"久闻大名，如雷贯耳"之类过头的话。这样才能让买家感受到客服人员的真诚，而不是在故意吹捧。

好书推荐

基本信息

书名：《大融合：互联网时代的商业模式》

作者：【美】鲍勃·罗德（Bob Lord）

【美】雷·维勒兹（Ray Velez）

定价：49.00 元

书号：978-7-115-37625-1

出版社：人民邮电出版社

出版日期：2015 年 1 月

推荐理由

★ 世界最大的数据营销机构、移动互联网时代最强大的商业模式改革者——睿域公司前任全球 C

以及现任全球 CTO 合著。

★ 总结了思科、奔驰、谷歌、微软、亚马逊、苹果等科技创新型企业所推崇的融合理念。

★ 帮助普通企业画出了商业融合路线图，指引企业创造极致客户体验，抓住下一波创新机遇。

媒体评论

《大融合》很好地解释了为什么营销和科技以前所未有的态势交织，你的企业该如何做才能更

适应这一趋势。如果你的工作是代表品牌进行沟通，如果你正在寻找互联网时代的创新商业模式，

业在市场秩序被打乱的时代繁荣发展，那么这本书就是为你准备的。

蒂姆·阿姆斯特朗　AOL 公司主席兼

我们正处于科技和营销相互交融的时代，作为 CEO，我知道理解和适应这种强大的变化是至关

的。《大融合》不仅仅解释了诸如大数据、云计算、普适计算等最新科技手段的价值；还解释了领

该如何赋予团队持续发展的力量。它应该会引发一些非常有意义的交流。

山塔努·纳拉延　Adobe 公司总裁兼

《大融合》展示了建立在合作创新基础上的未来视角，通过剖析 AXE、奥迪、奔驰、亚马逊、

公司、谷歌等企业植入融合性思维、带来市场新秩序的过程，展示了令人信服的未来图景，那时创

科技相互交融，大数据成为最有力的武器。

保罗·肯普罗宾逊　*Contagious Communications* 杂志共同创办人兼